KB269730

다락원
다이나믹 일본어 작문

중급

다락원

머리말

　본 교재는 『다이나믹 일본어 작문 초급』 수준의 실력을 갖춘 초급(상)~중급 수준의 학습자를 대상으로 일본어 문어체의 특징과 효과적인 쓰기법을 학습할 수 있도록 유도된 교재입니다.

　초급 수준의 작문을 어느 정도 끝내고 문어체에 어울리는 일본어의 글쓰기를 해 보려는 학습자를 위해 글쓰기의 핵심적인 내용만을 다루고 있습니다. 전체 구성을 〈기초편〉과 〈실천편〉으로 크게 나누고, 〈기초편〉에서는 일본어 문어체의 특징을 상세히 설명하였습니다. 또한 〈실천편〉에서는 기초편에서의 지식을 바탕으로 다양한 주제의 작문을 쓸 수 있도록 구성하였습니다.

　본 교재의 특징 및 내용을 소개하면 다음과 같습니다.

❶ 〈기초편〉은 '문어체와 구어체의 차이', '문어체 스타일의 특징', '접속사로 문장 연결하기', '단락 구성하기', '읽기 쉬운 문장 구성하기' 등 자연스러운 문장을 쓰는 데에 필요한 기본적인 사항을 설명하고 연습해 볼 수 있도록 하였습니다.

❷ 〈실천편〉은 일상생활에서 쓰기 활동이 필요한 장면을 10과로 구성하여 다양한 장면에서 쓰기 연습을 할 수 있도록 하였습니다.

❸ 각 과에 나온 모델문 중 난이도가 높은 문형 및 쓰기에 필요한 문법을 상세히 설명하여 혼자서도 학습이 가능하도록 하였으며, 연습을 통해 내용을 확인해 볼 수 있도록 하였습니다.

❹ 각 과마다 2개의 과제를 설정하고, 작문의 종류 및 상대에 따라 글쓰기를 하도록 유도하였으며, 전체적인 글의 구성을 용이하게 하기 위해 모델을 제시하였습니다.

❺ 주제에 따라 글쓰기를 한 후 다른 사람의 글을 평가하게 하여, 스스로 문제점을 파악해 볼 수 있도록 하였습니다. 다른 사람의 글을 통해 나의 문제점을 진단할 수 있는 계기가 됩니다.

　세상의 모든 것은 생김새나 색깔이 다르듯 여러분들도 여러분들만의 색깔이나 느낌을 가진 글쓰기를 할 수 있도록 매일 조금씩 노력해 보시기 바랍니다. 이 교재는 그러한 분들에게 반드시 큰 도움이 될 것입니다.

저자일동

이 책의 구성과 특징

❶ 이 책은 『다이나믹 일본어 작문 초급』 수준의 실력을 갖춘 초급(상)~중급 수준의 학습자를 대상으로 한 강의용 작문 교재입니다.

❷ 기초편과 실천편(1~10과)으로 구성되어 있습니다. 기초편은 일본어 문어체의 특징에 대해 다루었고, 실천편은 기초편에서 배운 지식을 바탕으로 다양한 글을 써볼 수 있도록 하였습니다.

❸ 기초편은 설명과 확인문제로, 실천편은 모델문(モデル文), 문법(文法), 연습(練習), 과제(課題) &구성 예문(構成例文), 작문 노트(作文ノート), 작문 체크(作文チェック)로 구성하였습니다.

기초편 ▶

일본어 문어체에 대해서 학습합니다.

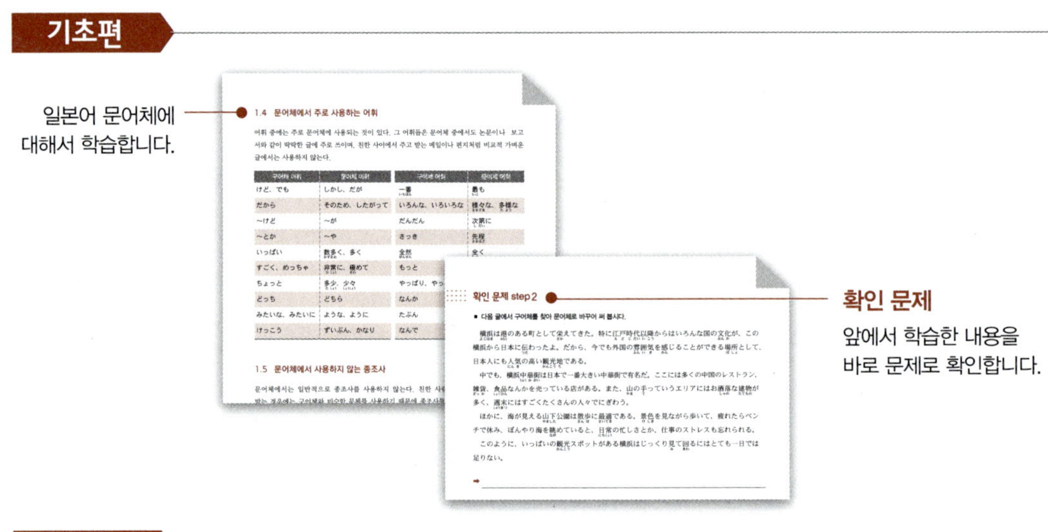

확인 문제

앞에서 학습한 내용을 바로 문제로 확인합니다.

실천편 ▶

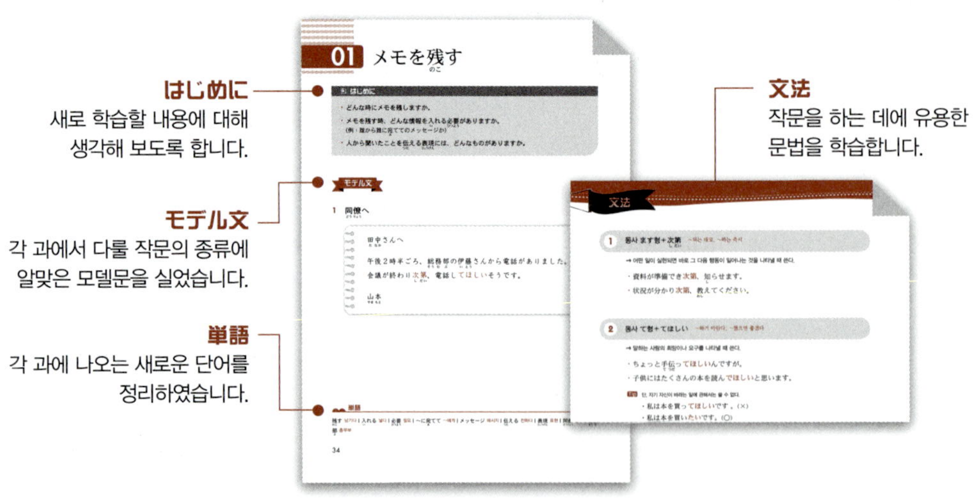

はじめに

새로 학습할 내용에 대해 생각해 보도록 합니다.

モデル文

각 과에서 다룰 작문의 종류에 알맞은 모델문을 실었습니다.

単語

각 과에 나오는 새로운 단어를 정리하였습니다.

文法

작문을 하는 데에 유용한 문법을 학습합니다.

練習

학습한 문법을 가지고
직접 작문해 봅니다.

課題

직접 작문을 해볼 수 있는
과제를 제시했습니다

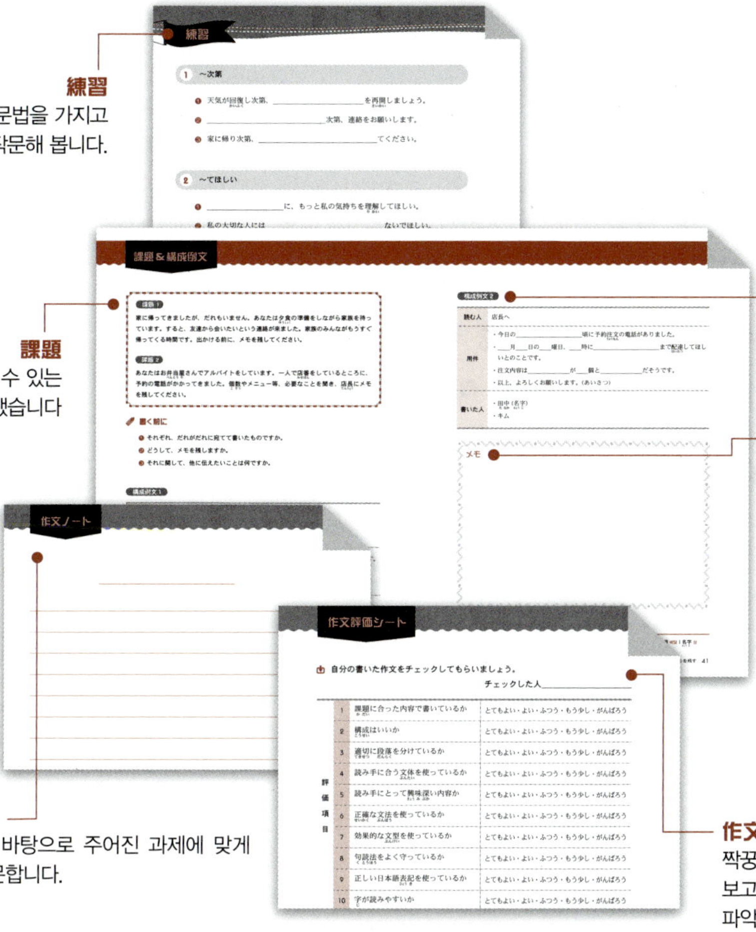

作文ノート

구성 예문을 바탕으로 주어진 과제에 맞게
자유롭게 작문합니다.

構成例文

작문을 하는데 도움이
되는 구성 예문을 제시
했습니다.

メモ

어떤 글을 쓸지 간단히
메모해 봅니다.

作文チェック

짝꿍의 작문을 체크해
보고, 스스로 문제점을
파악해 봅니다.

부록

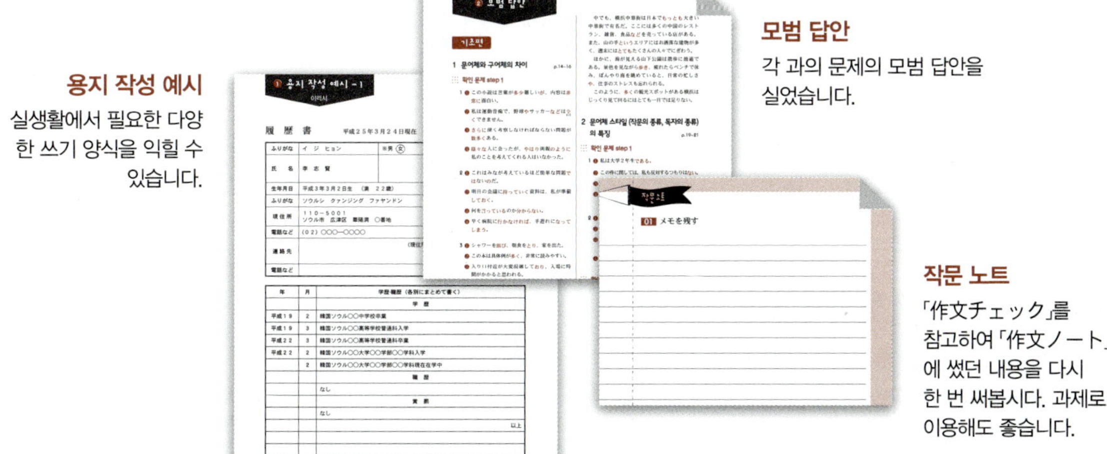

용지 작성 예시

실생활에서 필요한 다양
한 쓰기 양식을 익힐 수
있습니다.

모범 답안

각 과의 문제의 모범 답안을
실었습니다.

작문 노트

「作文チェック」를
참고하여 「作文ノート」
에 썼던 내용을 다시
한 번 써봅시다. 과제로
이용해도 좋습니다.

이 책의 학습 포인트

기초편

1 문어체와 구어체의 차이
❶ 문어체와 구어체의 특징 ❷ 문어체에 자주 사용하는 '연용중지형' ❸ 문어체에서는 사용하지 않는 축약형
❹ 문어체에서 주로 사용하는 어휘 ❺ 문어체에서 사용하지 않는 종조사

2 문어체 스타일 (작문의 종류, 독자의 종류) 의 특징
❶ 작문의 종류에 따른 스타일 ❷ 문체의 선택 ❸ 그 밖의 활용형

3 접속사로 문장 연결하기
❶ 나열 및 선택 ❷ 첨가 ❸ 순접 ❹ 역접 ❺ 설명 및 보충 ❻ 전환

4 단락 구성하기
단락을 구성하는 방법

5 읽기 쉬운 문장 구성하기
❶ 구두법(句読法) ❷ 읽기 쉬운 문장 쓰기

실천편

01 メモを残す
❶ 동사 ます형+次第 ❷ 동사 て형+てほしい ❸ 동사 ない형+ないうちに
❹ 동사 て형+ておく ❺ 보통체형+そうだ, とのことだ

02 手紙で近況を伝える
❶ 존경어, 겸양어 [특수형] ❷ お+동사 ます형+ください, ご+명사+ください
❸ 명사+として ❹ 보통체형+からには(단, な형용사だ · 명사である+からには)

03 旅先から絵葉書を送る
❶ お+동사 ます형+になる, ご+명사+になる ❷ 보통체형, 명사+といえば
❸ お+동사 ます형+する, ご+명사+する ❹ 명사+にとって ❺ 동사 た형+たおかげで

04 お願いのメールを書く

❶ 동사 사전형+ことにする　❷ 동사 て형+ていただけませんか　❸ 동사 사전형+ことになる
❹ 보통체형+し　❺ 동사 て형+てくれない, てくれませんか

05 手順を説明する

❶ 동사 사전형·た형, 명사 の+とおり(단, 명사+どおり)　❷ 명사+に応じて　❸ 동사 ます형, 명사+気味
❹ 보통체형+ことから(단, な형용사 な·である, 명사 の·である+ことから)
❺ 동사 사전형·た형, 명사 の+ついでに

06 ニュース記事を書く

❶ 명사+から+명사+にかけて　❷ 동사·い형용사 사전형, な형용사だ である, 명사 (である)+とともに
❸ 명사+に限り　❹ 보통체형+にもかかわらず(단, な형용사だ, 명사+にもかかわらず)　❺ 명사+に対して

07 悩みへのアドバイスを書く

❶ 명사+に比べて　❷ 보통체형+はずがない(단, な형용사 な·である, 명사 の·である+はずがない)
❸ 동사 ない형, い형용사い く, な형용사だ·명사 で+ないことには
❹ 보통체형+あまり(단, な형용사 な, 명사 の+あまり)　❺ 동사 사전형+ことだ

08 スピーチの原稿を書く

❶ 명사+について　❷ 동사 て형+てたまらない　❸ 명사+にかけては
❹ 동사 ない형+ざるを得ない　❺ 동사 て형+てはじめて

09 感想文を書く

❶ 동사 사전형+ことなく　❷ 명사+はもちろん　❸ 보통체형+からこそ
❹ 보통체형+だけあって(단, な형용사 な·である, 명사 である+だけあって)　❺ 명사+を問わず

10 意見文を書く

❶ 동사 사전형+ものだ, 동사 ない형+ないものだ
❷ 보통체형+のみならず(단, な형용사だ である, 명사+のみならず)
❸ 동사 사전형+べきだ　❹ 보통체형+からといって　❺ 동사 ます형+かねる

차례

머리말 3

이 책의 구성과 특징 4

이 책의 학습 포인트 6

기초편

1 문어체와 구어체의 차이 10

2 문어체 스타일 (작문의 종류, 독자의 종류) 의 특징 ... 17

3 접속사로 문장 연결하기 22

4 단락 구성하기 26

5 읽기 쉬운 문장 구성하기 28

실천편

01 メモを残す 34

02 手紙で近況を伝える 44

03 旅先から絵葉書を送る 54

04 お願いのメールを書く 64

05 手順を説明する 74

06 ニュース記事を書く 84

07 悩みへのアドバイスを書く 94

08 スピーチの原稿を書く 104

09 感想文を書く 114

10 意見文を書く 124

부록

❶ 용지 작성 예시 136

❷ 모범 답안 140

❸ 작문 노트 153

기초편

1   문어체와 구어체의 차이

2   문어체 스타일 (작문의 종류, 독자의 종류) 의 특징

3   접속사로 문장 연결하기

4   단락 구성하기

5   읽기 쉬운 문장 구성하기

1 문어체와 구어체의 차이

일본어는 문장에서 쓰는 문체와 회화에서 쓰는 문체가 다르다. 초급 수준에서는 주로 구어체인 정중체(「です」나 「ます」가 붙어 있는 형태)를 중심으로 학습을 하기 때문에 문어체에 쓰이는 문체나 표현을 어려워하는 경우가 많다. 또한 같은 문어체라고 하더라도 장면과 상대에 따라 표현이나 어휘가 달라지기 때문에 본격적으로 작문에 임하기 전에 문어체와 구어체의 차이 및 문어체의 특징 등을 확인해 둘 필요가 있다.

1.1 문어체와 구어체의 특징

문어체의 특징	구어체의 특징
❶ 문장의 길이가 길고 어려운 단어를 많이 사용한다.	❶ 문장의 길이가 비교적 짧고 이해하기 쉬운 단어를 많이 사용한다.
❷ 문장의 구조가 규칙적이며 생략을 거의 하지 않는다.	❷ 경어, 감동사, 종조사, 의문사를 많이 사용한다.
❸ 격식을 차린 표현을 많이 사용한다.	❸ 도치, 중단 등 어순을 바꾸는 경우가 많다.
❹ 문체는 조금씩 다르지만, 논문이나 공식 문서에서는 「である」체를 주로 사용한다.	❹ 남성어·여성어의 차이나 방언이 잘 나타난다.
❺ 필자가 독자에게 일방적으로 내용을 전달하기 때문에 전달하고자 하는 것을 명확하게 표현한다.	❺ 거절이나 단정적 표현에서는 직접적인 표현을 피할 때가 많다.
	❻ 대화자 간에 잘 알고 있는 내용은 생략하기 쉽다.
	❼ 친한 사이를 제외하고, 일반적으로 「です」와 「ます」를 사용한다.
	❽ 문어체에 비해 「んです」를 많이 사용한다.

1.2　문어체에 자주 사용하는 '연용중지형'

문어체에서는 문장에 접속하는 「て형」을 '연용중지형'으로 쓰는 경우가 있다. 문어체에서 「て형」
을 반드시 '연용중지형'으로 써야 하는 것은 아니지만, '연용중지형'은 대체로 딱딱한 문장이나
표현이 많이 쓰이는 논문이나 리포트, 신문 사설 등에서 많이 사용된다.

사전형	て형		연용중지형	
	긍정	부정	긍정	부정
書く	書いて	書かなくて / 書かないで	書き	書かず
読む	読んで	読まなくて / 読まないで	読み	読まず
見る	見て	見なくて / 見ないで	見	見ず
食べる	食べて	食べなくて / 食べないで	食べ	食べず
来る	来て	来て / 来ないで	来	来ず
する	して	しなくて / しないで	し	せず
高い	高くて	高くなくて	高く	高くなく
まじめだ	まじめで	まじめではなくて	まじめで	まじめではなく
学生	学生で	学生ではなくて	学生で	学生ではなく
cf) いる	いて	いなくて / いないで	おり	おらず

- 毎朝７時に起きて、顔を洗って、学校へ行く。
  → 毎朝７時に起き、顔を洗い、学校へ行く。

- 物価はあまり高くなくて、おいしいものも多い。
  → 物価はあまり高くなく、おいしいものも多い。

- 日本人は親切で、優しいと言われている。
  → 日本人は親切で、優しいと言われている。

- 一ヶ月も雨のない日が続いていて、水不足で困っている。
  → 一ヶ月も雨のない日が続いており、水不足で困っている。

- 財布を持たないで、出かけた。
  → 財布を持たず、出かけた。

単語

毎朝 매일 아침 ┃ **顔を洗う** 세수하다 ┃ **物価** 물가 ┃ **あまり** 그다지 ┃ **親切だ** 친절하다 ┃ **優しい** 상냥하다, 친절하다 ┃ **続く** 계속되다 ┃ **水不足** 물 부족 ┃ **困る** 난처하다, 곤란하다 ┃ **財布** 지갑 ┃ **出かける** 외출하다

문어체에서는 일반적으로 '축약형'을 사용하지 않으므로, 축약형을 쓰지 않도록 주의한다.

축약형	본래의 형태	예문
〜ちゃ / 〜じゃ	〜ては / 〜では	事実じゃない → 事実ではない
〜てる / 〜でる	〜ている / 〜でいる	駅で待ってる → 駅で待っている
〜てく / 〜でく	〜ていく / 〜でいく	人口が段々増えてく → 人口が段々増えていく
〜とく / 〜どく	〜ておく / 〜でおく	あらかじめ調べとく → あらかじめ調べておく
〜ちゃう / 〜じゃう 〜ちまう / 〜じまう	〜てしまう / 〜でしまう	電気が消えちゃった → 電気が消えてしまった
〜なきゃ	〜なければ	お年寄りに席を譲らなきゃならない → お年寄りに席を譲らなければならない
〜って＋名詞 〜って 〜って＋動詞	〜という＋名詞 〜とは 〜と＋動詞	有名人になるってことは → 有名人になるということは おせちって → おせちとは それは分からないって思う → それは分からないと思う
〜んない	〜らない	分かんない → 分からない
〜んだ	〜のだ	一体、どうしてこんなことになったんだ → 一体、どうしてこんなことになったのだ

単語

事実 사실 | 駅 역 | 人口 인구 | 段々 점점 | 増える 늘다 | あらかじめ 미리 | 調べる 조사하다 | 電気 전기 | 消える 꺼지다 | お年寄り 노인 | 席 자리 | 譲る 양보하다 | 有名人 유명인 | おせち 명절 때 먹는 조림 요리 | 一体 도대체

1.4 문어체에서 주로 사용하는 어휘

어휘 중에는 주로 문어체에 사용되는 것이 있다. 그 어휘들은 문어체 중에서도 논문이나 보고서와 같이 딱딱한 글에 주로 쓰이며, 친한 사이에서 주고 받는 메일이나 편지처럼 비교적 가벼운 글에서는 사용하지 않는다.

구어체 어휘	문어체 어휘	구어체 어휘	문어체 어휘
けど、でも	しかし、だが	一番 いちばん	最も もっと
だから	そのため、したがって	いろんな、いろいろな	様々な、多様な さまざま　　た よう
～けど	～が	だんだん	次第に し だい
～とか	～や	さっき	先程 さきほど
いっぱい	数多く、多く かずおお	全然 ぜんぜん	全く まった
すごく、めっちゃ	非常に、極めて ひ じょう　　きわ	もっと	さらに
ちょっと	多少、少々 た しょう　しょうしょう	やっぱり、やっぱ	やはり
どっち	どちら	なんか	など
みたいな、みたいに	ような、ように	たぶん	おそらく
けっこう	ずいぶん、かなり	なんで	どうして

1.5 문어체에서 사용하지 않는 종조사

문어체에서는 일반적으로 종조사를 사용하지 않는다. 친한 사람과 메일이나 편지를 주고받는 경우에는 구어체와 비슷한 문체를 사용하기 때문에 종조사를 쓰기도 하지만 기본적으로 사용하지 않는 편이 좋다.

- この頃、アルバイトのために学校を休む学生が多いそうですね。
   → この頃、アルバイトのために学校を休む学生が多いそうである。

- 卒業後、日本に留学に行くのもいいよと母が言った。
   → 卒業後、日本に留学に行くのもいいと母が言った。

単語

この頃 요즈음, 최근 | 卒業後 졸업 후 | 留学 유학

① 다음 문장 중 밑줄 친 부분은 구어체적인 표현입니다. 문어체에 어울리는 표현을 ▨▨▨▨▨ 에서 선택해 써 봅시다.

1. この小説は言葉が<u>ちょっと</u>難しい<u>けど</u>、内容は<u>すごく</u>面白い。

   → ____

2. 私は運動音痴で、野球<u>とか</u>サッカー<u>なんか</u>は<u>全然</u>できません。

   → ____

3. <u>もっと</u>深く考察しなければならない問題が<u>いっぱい</u>ある。

   → ____

4. <u>いろんな</u>人に会ったが、<u>やっぱ</u>両親<u>みたいに</u>私のことを考えてくれる人はいなかった。

   → ____

が	数多く	様々な	さらに		多少
等（など）	のように	非常に	全く	や	やはり

② 다음 문장 중 밑줄 친 부분은 축약형입니다. 본래의 형태로 바꾸어 써 봅시다.

1. これは皆が考えているほど簡単な問題<u>じゃ</u>ない<u>ん</u>だ。

   → ____

2. 明日の会議に<u>持ってく</u>資料は、私が<u>準備しとく</u>。

   → ____

3. 何を<u>言ってる</u>のか<u>分かんない</u>。

   → ____

4. 早く病院に<u>行かなきゃ</u>、手遅れに<u>なっちゃう</u>。

   → ____

❸ 다음 문장 중 밑줄 친 부분을 연용중지형으로 바꾸어 써 봅시다.

1. シャワーを<u>浴びて</u>、<u>朝食</u>を<u>とって</u>、家を出た。
   _あ _{ちょうしょく}

   → ____

2. この本は具体例が<u>多くて</u>、非常に読みやすい。
   _{ぐ たいれい}

   → ____

3. 入り口付近が大変混雑<u>していて</u>、入場に時間がかかると思われる。
   _{い ぐちふ きん} _{たいへんこんざつ} _{にゅうじょう} _{じ かん}

   → ____

4. だれも何も<u>言わないで</u>、ただ黙々と働いていた。
   _{もくもく} _{はたら}

   → ____

🔴 単語

小説 소설 | 言葉 말, 단어 | 内容 내용 | 運動音痴 운동을 잘 못하는 사람, 몸치 | 野球 야구 | サッカー 축구 | 深く 깊이, 깊게 | 考察 고찰 | 問題 문제 | 両親 부모, 양친 | 皆 모두 | 簡単だ 간단하다 | 会議 회의 | 資料 자료 | 準備 준비 | 病院 병원 | 手遅れ 때늦음, 시기를 놓침 | シャワーを浴びる 샤워를 하다 | 朝食 아침 식사 | 具体例 구체적인 예 | 入り口 입구 | 付近 부근 | 大変 매우, 대단히 | 混雑 혼잡 | 入場 입장 | 時間がかかる 시간이 걸리다 | ただ 그저 | 黙々と 묵묵히 | 働く 일하다

■ 다음 글에서 구어체를 찾아 문어체로 바꾸어 써 봅시다.

　横浜は港のある町として栄えてきた。特に江戸時代以降からはいろんな国の文化が、この横浜から日本に伝わったよ。だから、今でも外国の雰囲気を感じることができる場所として、日本人にも人気の高い観光地である。

　中でも、横浜中華街は日本で一番大きい中華街で有名だ。ここには多くの中国のレストラン、雑貨、食品なんかを売っている店がある。また、山の手っていうエリアにはお洒落な建物が多く、週末にはすごくたくさんの人々でにぎわう。

　ほかに、海が見える山下公園は散歩に最適である。景色を見ながら歩いて、疲れたらベンチで休み、ぼんやり海を眺めていると、日常の忙しさとか、仕事のストレスも忘れられる。

　このように、いっぱいの観光スポットがある横浜はじっくり見て回るにはとても一日では足りない。

➜ ____

____

____

____

____

____

____

____

単語

港 항구 | 栄える 번영하다, 번창하다 | 江戸時代 에도 시대[1603~1867] | 以降 이후 | 文化 문화 | 伝わる 전해지다 | 雰囲気 분위기 | 感じる 느끼다 | 場所 장소 | 人気 인기 | 観光地 관광지 | 中華街 중화거리 | 雑貨 잡화 | 食品 식품 | 山の手 야마노테[지명] | エリア 지역, 구역 | お洒落だ 멋지다, 세련되다 | 建物 건물 | 週末 주말 | にぎわう 번성하다, 번화해지다 | ほかに 그 밖에 | 散歩 산책, 산보 | 最適だ 최적이다 | 景色 경치 | 眺める 응시하다 | 日常 일상 | 観光スポット 관광 명소 | じっくり 시간을 들여 꼼꼼하게 | 見て回る 둘러보다

2 문어체 스타일 (작문의 종류, 독자의 종류) 의 특징

앞에서 살펴본 바와 같이 문어체는 구어체와는 다른 특징을 가지고 있다. 다만, 문어체도 '딱딱한 표현·문장'과 '부드러운 표현·문장'으로 구분할 수 있다. 편지 쓸 때를 예로 들어보자. 비즈니스 상대에게 편지를 보낼 때는 '딱딱한 표현·문장'으로 써야 하지만, 친구에게 편지를 보낼 때는 '부드러운 표현·문장'으로 쓰게 될 것이다. 특히 요즘에는 전자우편이 많이 보급되면서 구어체에 가까운 문어체를 많이 쓰는 추세이다. 하지만 학교 과제나 회사 보고서를 쓸 때에는 정중한 표현이나 문어체 특유의 어휘를 써야 한다.

2.1 작문의 종류에 따른 스타일

종류	읽는 사람	스타일
편지	비즈니스 상대	「です」나 「ます」를 사용하여 정중한 표현을 쓴다.
	친구	보통체를 사용하며 부드럽고 편한 표현을 쓴다.
메모	자신	요점만 간단히 쓴다.
	회사 사람	「です」나 「ます」를 사용하여 요점만 쓴다.
노트	자신	자신이 알아 볼 수 있도록 쓴다.
과제	선생님	주로 보통체 (である) 로 딱딱한 문장이나 표현을 쓴다.
논문	선생님, 연구관계자	주로 보통체 (である) 로 딱딱한 문장이나 표현을 쓴다.
전자우편(이메일)	비즈니스 관계	「です」나 「ます」를 사용하여 정중한 표현을 쓴다.
	친구	구어체에 가깝고 그림문자나 기호 등을 쓴다.
	가족	구어체에 가깝고 그림문자나 기호 등을 쓴다.
블로그, 리뷰	일반인	매우 다양하다.

2.2 문체의 선택

	です・ます体	だ体	である体
名詞 めいし **な形容詞** けいようし	学生です 学生ではありません 学生でした 学生ではありませんでした	学生だ 学生ではない 学生だった 学生ではなかった	学生である 学生ではない 学生であった 学生ではなかった
い形容詞	高いです 高くありません・高くないです 高かったです 高くありませんでした・ 高くなかったです	高い 高くない 高かった 高くなかった	高い 高くない 高かった 高くなかった
動詞 どうし	行きます 行きません 行きました 行きませんでした	行く 行かない 行った 行かなかった	行く 行かない 行った 行かなかった

2.3 그 밖의 활용형

です・ます体	だ体	である体
でしょう なら（ば） ありません	だろう なら（ば） ない	であろう であれば ない

❶ 다음 문장을 「である体」로 바꾸어 써 봅시다.

1. 私は大学２年生です。

→ ________________________________

2. この件に関しては、私も反対するつもりはありません。

→ ________________________________

3. 彼はきっといい先生になるでしょう。

→ ________________________________

4. この計画は失敗だと思った人も少なくありませんでした。

→ ________________________________

❷ 다음 문장을 「です・ます体」로 바꾸어 써 봅시다.

TIP 문어체에서는 「～ないです」「～なかったです」를 쓰지 않고 「～ありません」「～ありませんでした」를 쓰는 것이 일반적이다.

1. これは非常に重要な問題である。

→ ________________________________

2. 日本の物価は思ったより高くない。

→ ________________________________

3. 検査の結果、どこにも異常はなかった。

→ ________________________________

4. イベントは大成功に終わった。

→ ________________________________

🔵 単語

件 건 | ～に関して ～에 관해서 | 反対 반대 | つもり 생각, 작정 | きっと 꼭, 틀림없이 | 計画 계획 | 失敗 실패 | 重要だ 중요하다 | 検
査 검사 | 結果 결과 | 異常 이상 | イベント 이벤트 | 大成功 대성공 | 終わる 끝나다

1 다음은 선생님께 쓴 편지입니다. 스타일에 맞지 않는 부분을 바르게 고쳐 써 봅시다.

拝啓
はいけい

　毎日暑い日が続くけど、先生、お元気ですか。

　前回のお手紙から、けっこう時間が経っちゃいましたが、私は元気に過ごしています。
ぜんかい　　　　　　　　　　　　　　　　　　　た　　　　　　　　　　　　　　　　　　す

　私は今回、社会人３年目で大きな仕事を任されました。しっかりと最後までできるか
しゃかいじん　め　　　　　　　　　まか　　　　　　　　　　　さいご

ちょっと不安だが、頑張ってみようと思っています。たぶん、来年の春頃には少し余裕
ふあん　　がんば　　　　　　　　　　　　　　　　　　　　　　　よゆう

ができると思うので、その頃ごあいさつに伺います。
うかが

それじゃあ、お体に気をつけてください。
からだ　き

敬具
けいぐ

➡ ____

____

____

____

____

____

② 다음은 학교에 제출할 리포트입니다. 스타일에 맞지 않는 부분을 바르게 고쳐 써 봅시다.

　新聞やニュースなんかでニート(NEET)という言葉をいっぱい聞くようになった。ニートって「仕事をしないで、学校にも通わないで、そして具体的な求職活動をしてない」人のことです。フリーターは働く意思を持っているが、その意識もない人がニートと呼ばれます。なんでニートがこれほど増えたのでしょうか。このレポートでは、ニートの増加の背景を調査し、どんな対策があるかを考えてく。

➡

単語

拝啓 배계(삼가 아뢴다는 뜻으로 편지 머리에 쓰는 말) | **前回** 지난번 | **けっこう** 꽤, 제법 | **経つ** 지나다 | **過ごす** 보내다, 지내다 | **社会人** 사회인 | **〜目** 〜째 | **任す** 맡기다 | **しっかりと** 똑똑히, 확고히 | **最後** 최후, 마지막 | **不安だ** 불안하다 | **頑張る** 열심히 하다, 분발하다 | **たぶん** 아마 | **余裕** 여유 | **できる** 생기다 | **あいさつ** 인사 | **伺う** 방문하다, 찾아 뵙다 | **体** 몸 | **気をつける** 조심하다, 주의하다 | **敬具** 경구(편지 끝의 인사말. 첫머리에 쓰는 拝啓와 대응해서 씀) | **新聞** 신문 | **ニュース** 뉴스 | **ニート** 니트 | **いっぱい** 많이, 가득 | **通う** 다니다 | **具体的** 구체적 | **求職活動** 구직 활동, 취업 활동 | **フリーター** 프리터 | **意思** 의사 | **意識** 의식 | **なんで** 왜, 어째서 | **これほど** 이 정도(로), 이렇게까지 | **レポート** 리포트, 보고서 | **増加** 증가 | **背景** 배경 | **調査** 조사 | **対策** 대책

3 접속사로 문장 연결하기

접속사는 문장과 문장, 단어와 단어를 이어줄 때 사용한다. 나열 및 선택, 첨가, 순접, 역접, 설명 및 보충, 전환 등으로 문장의 전후관계를 나타낸다.

3.1 나열 및 선택

および 및   または 또는   あるいは 혹은   それとも 아니면

TIP 「および」는 문어체에서 격식을 갖춰 쓸 때 많이 사용한다.

- 日本および中国は共に漢字を使う。
- 九州には飛行機または新幹線で行くつもりだ。
- この会議には担当部長あるいは課長が参加する。

共に 함께 | 漢字 한자 | 飛行機 비행기 | 新幹線 신칸센[일본 고속 철도] | 担当 담당 | 部長 부장 | 課長 과장 | 参加 참가

3.2 첨가

また 또   それに 게다가   そのうえ 게다가   しかも 게다가
それから 그러고 나서   おまけに 더욱이   さらに 더욱이   そして 그리고

- 山の中で道に迷い、そのうえ辺りも暗くなった。
- 彼は優秀な学者であり、また、立派な作家である。
- 会議が終わったのは夜9時で、それから食事に出かけた。

道 길 | 迷う 헤매다 | 辺り 주변 | 暗い 어둡다 | 優秀だ 우수하다 | 学者 학자 | 立派だ 훌륭하다 | 作家 작가 | 食事 식사

3.3 순접

だから 그래서   したがって 따라서   すると 그러자
それで 그래서   そこで 그래서

TIP 「だから」는 구어체에 가까운 문장에서, 「したがって」는 문어체에서 많이 사용한다.

- この商品は品質がいい。したがって、値段も高い。

- 天気が悪かった。**それで**今日の登山は中止することにした。
- その歌手が舞台に立った。**すると**、大きな歓声が送られた。

商品 상품 ┃ 品質 품질 ┃ 値段 가격 ┃ 天気 날씨 ┃ 登山 등산 ┃ 中止 중지 ┃ 歌手 가수 ┃ 舞台 무대 ┃ 歓声 환성 ┃ 送る 보내다

3.4 역접

| しかし 그러나 | でも 그래도 | けれども 그러나 | ところが 그런데 |

TIP 「でも, けれども」는 구어체에 가까운 문장에서, 「しかし, ところが」는 문어체에서 많이 사용한다.

- あの人はお金持ちである。**しかし**、健康には恵まれていない。
- 展覧会に出かけた。**ところが**、休館日だった。

お金持ち 부자 ┃ 健康 건강 ┃ 恵む 은혜를 베풀다 ┃ 展覧会 전람회 ┃ 休館日 휴관일

3.5 설명 및 보충

| つまり 결국, 다시 말해서 | 要するに 요는 | たとえば 예를 들면 |
| ただし 단지 | すなわち 즉 | なお 덧붙여 | なぜなら 왜냐하면 |

- 彼女は私の母の妹、**つまり**、叔母です。
- 私のビザは１２０日、**すなわち**、４ヶ月間有効である。
- 日本料理には、**たとえば**、すき焼き、てんぷら、すし、しゃぶしゃぶ等があり、どれもおいしい。

妹 여동생 ┃ 叔母 이모, 고모 ┃ ビザ 비자 ┃ 有効だ 유효하다

3.6 전환

| さて 그럼 | ところで 그런데 | それでは 그렇다면 | では 그럼 |

TIP 「では」는 구어체에 가까운 문장에서 많이 사용한다.

- 状況は説明したとおりである。**さて**、次の問題は。
- **ところで**、これから韓国と日本の関係はどうなっていくのだろう。

状況 상황 ┃ 説明 설명 ┃ 次 다음 ┃ 関係 관계

① 다음 문장을 보고 알맞은 접속사, 뒷문장과 열결해 봅시다.

1. 私は毎日５時間も勉強している。　　•　　•そのうえ•　　•まだ子供なのだ。

2. この授業は宿題が多くて大変だ。　　•　　•つまり　•　　•桜、菜の花等がある。

3. 今年はりんごがたくさんとれた。　　•　　•ところが•　　•このように安いのだ。

4. 彼は思いどおりにならないと、すぐに怒る。•　　•たとえば•　　•成績は全く上がらない。

5. 春には多くの花が咲く。　　•　　•だから　•　　•試験も非常に難しい。

② 다음 접속사에 잘 이어지게끔 앞문장 혹은 뒷문장을 완성시켜 봅시다.

1. ＿＿＿＿＿＿＿＿＿＿＿＿＿＿＿＿＿＿。それで、学校へ行けなかった。

2. 先生が話し始めた。すると、＿＿＿＿＿＿＿＿＿＿＿＿＿＿＿＿。

3. ＿＿＿＿＿＿＿＿＿＿＿＿＿＿＿＿。要するに、彼はこの企画に参加したくない

ということである。

4. 今日は母の誕生日だ。しかし、＿＿＿＿＿＿＿＿＿＿＿＿＿＿。

5. まじめなタイプの人が好きですか。それとも、＿＿＿＿＿＿＿＿＿＿＿＿。

6. 私は日本語を専攻することにした。なぜなら、＿＿＿＿＿＿＿＿＿＿＿＿。

🍂 **単語**

宿題 숙제 | とる 따다, 채취하다 | 思いどおり 생각대로 | 怒る 화내다 | 咲く (꽃이) 피다 | 桜 벚꽃 | 菜の花 유채꽃 | 成績 성적 | 上が
る 오르다 | 試験 시험 | 企画 기획 | 誕生日 생일 | まじめだ 성실하다 | タイプ 타입 | 専攻 전공

■ ( ) 에 들어갈 알맞은 접속사를 █████ 에서 선택해 봅시다.

❶ 今朝見たニュースの天気予報では晴れると言っていた。( )、予報に反して午後から雨が降り始めた。( )、かなりの大雨だ。( )雷まで鳴り出して、強風まで吹いていた。( )、家に帰るのにとても苦労した。

そのため	しかも	だが	さらに

❷ 小学校で英語を学ぶことはとてもいいことだと思います。( )、早い段階で始めた方が、英語への抵抗がなくなると思うからです。

英語教育と聞いて、これまでの読み書き中心の難しいものをイメージする人も多いでしょう。( )、歌やゲーム的な要素を多く取り入れながら英語に接する方法もあります。( )、楽しく遊びながら英語を学ぶこともできるのです。

外国語を学ぶ時にもっとも大切なことは慣れです。( )、幼い時から、自然に英語に触れる機会を多く持つことは英語の習得にとても重要なことだと考えます。

しかし	したがって	なぜなら	つまり

●● 単語

今朝 오늘 아침 | 天気予報 일기 예보 | 晴れる 개다 | ～に反して ～와 반대로 | 大雨 큰비 | 雷が鳴る 천둥이 치다 | 強風 강풍 | 吹く 불다 | 苦労 고생, 수고 | 学ぶ 배우다 | 段階 단계 | 抵抗 저항, 거부 | 教育 교육 | 要素 요소 | 取り入れる 도입하다, 받아들이다 | 接する 접하다 | 慣れ 익숙해짐, 습관 | 幼い 어리다 | 自然に 저절로 | 触れる 접촉하다 | 機会 기회 | 習得 습득

4 단락 구성하기

단락은 문장이 둘 이상 모여서 하나의 정리된 생각을 나타낸 글의 단위이다. 단락은 여러 개의 문장으로 이루어지며 긴 글은 몇 개의 단락으로 구성된다.

1단락 + 2단락 + 3단락 + ……

단락은 하고 싶은 내용을 나타내는 중심문과 그 중심문을 지지하는 문장으로 구성되며, 지지문은 구체적인 예나 설명, 이유 등을 나타낸다. 단락구성에는 다음과 같은 타입이 있다.

a 중심문 ➡ 지지문 ➡ 지지문
b 지지문 ➡ 지지문 ➡ 중심문
c 지지문 ➡ 중심문 ➡ 지지문

확인 문제 step 1

■ 다음 글을 읽고 질문에 답해 봅시다.

　近年、ペットを飼う人が増えている。以前は犬や猫が普通だったが、最近はキツネやタヌキ、あるいはヘビやイグアナ等の爬虫類を飼う人もいる。

　しかし、軽い気持ちで飼い始めたペットを育てられず、ペットを捨てる人も増えている。それでは、捨てられたペットたちはどうなっているのか。非常にショッキングな話であるが、日本では飼い主のいない動物は殺されることが多いという。

　ペットショップにいる子犬等を見て、あまりのかわいさに飼いたくなる気持ちはよく分かる。しかし、飼えなくなったから捨てるという無責任な態度には問題がある。ペットを飼う人々は、飼った時からそのペットに関する責任が生じるということを忘れてはならない。

❶ 이 글에는 단락이 몇 개 있습니까?

→ ____

❷ 각 단락의 중심문을 찾아서 밑줄을 그어 봅시다.

近年 최근, 근래 | ペット 애완동물 | 飼う 기르다 | 以前 이전 | 普通 보통 | キツネ 여우 | タヌキ 너구리 | ヘビ 뱀 | イグアナ 이구아나 | 爬虫類 파충류 | 育てる 키우다, 기르다 | 捨てる 버리다 | ショッキングだ 쇼킹이다, 충격이다 | 飼い主 (기르는) 주인 | 動物 동물 | 殺す 죽이다 | ペットショップ 애완동물 가게 | 子犬 강아지 | あまりの 너무, 지나친 | かわいさ 귀여움 | 無責任 무책임 | 態度 태도 | 生じる 생기다 | 忘れる 잊어버리다

확인 문제 step 2

■ 다음 글을 읽고 질문에 답해 봅시다.

　ビビンバとは韓国の代表的な料理である。食堂や家庭など日常的によく食べられている。また、最近では韓国国内だけではなく、海外でも人気のメニューとして多くの人に食べられている。このビビンバ、作り方はとても簡単である。まずはご飯の上に数種類の野菜や肉、卵などをのせる。それから、コチュジャンやごま油などの調味料をかけ、よく混ぜ合わせる。たったこれだけである。しかも、野菜が多く入っているので健康にもよい。それに家にある余った材料などで簡単に作れて便利である。このように、栄養のバランスがよく、手軽に食べられるビビンバは、忙しい日々を送る現代人に理想的な料理といえる。

1 이 글을 세 단락으로 나눠 봅시다.

2 각 단락의 중심문을 찾아서 밑줄을 그어 봅시다.

代表的 대표적 | 食堂 식당 | 家庭 가정 | 国内 국내 | ～だけではなく ～뿐만 아니라 | 海外 해외 | 作り方 만드는 법 | 数種類 수 종류, 여러 종류 | 野菜 채소 | 肉 고기 | 卵 달걀 | のせる 올리다 | コチュジャン 고추장 | ごま油 참기름 | 調味料 조미료 | かける 뿌리다, 치다 | 混ぜ合わせる 한데 섞다 | 余る 남다 | 材料 재료 | 便利だ 편리하다 | 栄養 영양 | バランス 밸런스, 균형 | 手軽に 손쉽게 | 日々 나날 | 現代人 현대인 | 理想的 이상적

5 읽기 쉬운 문장 구성하기

5.1 구두법（句読法）

구두법이란 글을 쓸 때 문장 부호를 쓰는 방법을 말한다. 일본어를 정확하고 알기 쉽게 쓰기 위해서는 중요한 규칙을 몇 가지 알아두어야 한다.

▶ **문장 부호**

① 。(句点 / まる) 문장이 끝날 때 쓴다.

② 、(読点 / 点) 문장 중간에 구별이 필요할 때 쓴다. 문장의 구조를 명확하게 하고 의미를 알기 쉽게 한다.

③ 「　」 인용 부분을 나타내거나 강조할 때 쓴다.

④ 『　』 책이나 신문 잡지 등 제목을 쓰거나 「　」 안에서 다시 인용할 때 쓴다.

⑤ 〈　〉 강조하고 싶은 어구가 있을 때 쓴다.

⑥ ── 어구의 설명이나 환언 등을 문장 중간에 넣을 때 쓴다.

⑦ …… 생략한 부분을 나타낼 때 쓴다.

⑧ ・ 명사를 열거하거나 외국어 혹은 외래어를 구분지을 때 쓴다.

❶ 「そして・しかし・また・〜が」등 접속사가 문장 안에 있을 때는 접속사 뒤에 「、」를 찍는 경우가 많다.

- 彼は「動け」と言った。すると、ロボットの足が動いた。
- 彼女は美しい。しかし、性格がよくない。

단, 다음과 같이 명사와 명사를 연결할 때는 점을 찍지 않아도 된다.

- 九州には飛行機または船で行くつもりである。

❷ 연용중지형으로 문장이 연결될 때에는 연용중지형 뒤에 「、」를 찍는다.

- その問題について相談したいと思い、手紙を書くことにした。
- 私の部屋は日当たりもよく、交通も便利だ。

❸ 「〜から・〜ので・〜と・〜時・〜ために」와 같이 원인, 이유, 조건, 목적, 시간 등을 나타내는 절 뒤에 「、」를 찍는 경우가 많다.

- 学校まで 10 分で行ける**ので**、大変住みやすい。

- 大学を卒業し**たら**、日本に留学したいと思う。

- アメリカに留学する**ために**、お金もためている。

❹ 술어가 복수 존재할 경우, 주어가 바로 뒤에 있는 술어에 연결되지 않을 때는「、」를 찍는다.

- **山森さんは、**これからの日本の経済について調査結果を発表している。
  → これからの日本の経済について調査結果を、山森さんは発表している。

- **私は、**その商品のことを聞いた時、びっくりした。
  → その商品のことを聞いた時、私はびっくりした。

❺ 문장이나 어구를 나열할 때 그 사이에「、」를 찍는다.

- 東京を中心とする**道路、鉄道、自動車、**航空等に関する情報を提供する。
- 日本語の助詞には、**が、を、に、で、から、**まで等がある。

❻ 긴 구나 절이 어디까지인지 확실하게 구별 짓기 위해「、」를 찍는다.

- この薬は、夜寝る前に**一度、**朝起きてからもう**一度、**飲んでください。
- **切符の買い方が分からない時は、**赤いボタンを 5 秒以上押すこと。

単語

動く 움직이다 | ロボット 로봇 | 船 배 | 相談 상담 | 手紙 편지 | 日当たり 햇볕 | 交通 교통 | ためる 저축하다, 쌓다 | 経済 경제 | 発表 발표 | びっくりする 깜짝 놀라다 | 中心 중심 | 道路 도로 | 鉄道 철도 | 自動車 자동차 | 航空 항공 | 情報 정보 | 提供 제공 | 助詞 조사 | 薬 약 | 切符 표 | 赤い 붉다 | ボタン 버튼 | 秒 초 | 以上 이상 | 押す 누르다

5.2 읽기 쉬운 문장 쓰기

❶ 문장은 간결하게 쓴다. 한 문장에 말하고 싶은 내용은 하나가 되도록 쓴다.

❷ 같은 조사나 표현을 반복하여 쓰지 않는다.

- 兄が**私が**好きな本を買ってくれた。
  → 兄が**私の**好きな本を買ってくれた。

- 9 月に先生に会いに日本に行きます。
  → 9 月、先生に会いに日本へ行きます。

❶ 다음 문장에 문장 부호를 추가해서 읽기 쉬운 문장으로 바꾸어 써 봅시다.

1. わが社では新しいプロジェクトを計画しており来月その内容を発表する予定です

→ ____

2. 彼の本は研究者の間では評判がよかったがあまり売れなかった

→ ____

3. 彼の作品を全て読むためには短い人でも2年長い人なら10年以上かかるだろう

→ ____

4. うちの学校の学生特に日本語学科の学生はよく勉強します

→ ____

5. 初めて日本に行った時は東京横浜箱根へ行き二回目は大阪京都奈良へ行った

→ ____

❷ 다음 문장을 읽기 쉬운 문장으로 바꾸어 써 봅시다.

1. 私の家は山の上にあるので、景色がよくて、空気もきれいですが、蚊が多く、セミが
うるさいので、夏になると引っ越したくなります。

➡ ____

____

2. 私は昔は日本に関心がなくはなかったが、日本語の勉強を始めてから、日本にもっと
興味がわいてきたが、日本語は勉強すればするほど難しくなってくるので、また興味
がなくなった。

➡
____

____

3. このサマーキャンプでは、1時間目に発音の勉強をし、2時間目に文法の勉強をし、
3時間目に読解の勉強をする予定です。

➡
____

____

4. この三つの論文のうち最も興味深い論文は、山田氏の論文である。

➡
____

____

5. ハンサムな恵子さんの息子さんが大学に合格したらしい。

➡
____

____

6. 小さな髪の長い女の子が、高い花が咲いている木の下に立っていた。

➡
____

____

単語

わが社 우리 회사 | プロジェクト 프로젝트 | 予定 예정 | 研究者 연구자 | 評判 평판 | 売る 팔다 | 作品 작품 | 全て 전부 | 短い 짧다 |

特に 특히 | 学科 학과 | 初めて 처음으로 | 箱根 하코네[지명] | 空気 공기 | 蚊 모기 | セミ 매미 | 引っ越す 이사하다 | 昔 옛날 | 興味が

わく 흥미가 일다 | サマーキャンプ 여름 캠프 | 発音 발음 | 文法 문법 | 読解 독해 | 論文 논문 | 興味深い 흥미진진하다 | 息子 아들 |

合格 합격 | 髪 머리카락

■ **다음 글을 읽기 쉽게 바꾸어 써 봅시다.**

　私は東京の旅行会社に勤務していて、この仕事を選んだ理由は、ただ単純に旅行がとても好きだからだ。

　会社で私が受け持っている仕事は、店の窓口でのセールスの仕事である。これはお客様が旅を楽しみ、よい思い出を作るお手伝いをすることであると言い換えることもできなくはないと思う。最初、思い描いていた仕事内容とはとても違い、とても悩んだ時期もあった。が、今では自分の仕事にとても誇りを持っている。お客様からありがとうと笑顔で言ってもらった時が最もうれしく、とてもやりがいを感じる。

　しかし今の会社で働き始めてからまだ一度も旅行へ行く機会がなかった。来年からはツアーの企画チームに移るので、もしかするとチャンスがあるかもしれない。

➡ ____

____

____

____

____

____

____

____

単語

旅行会社 여행사 | 勤務 근무 | 選ぶ 고르다 | 単純に 단순하게 | 受け持つ 담당하다 | 窓口 창구 | お客様 손님 | 旅 여행 | 楽しむ 즐기다 | 思い出 추억 | 最初 최초, 처음 | 思い描く 그리다 | 悩む 괴로워하다 | 時期 시기 | 誇り 자랑, 자부 | 笑顔 미소 | やりがい 보람 | ツアー 투어, 여행 | 移る 옮기다 | チャンス 기회

실천편

01 メモを残す

02 手紙で近況を伝える

03 旅先から絵葉書を送る

04 お願いのメールを書く

05 手順を説明する

06 ニュース記事を書く

07 悩みへのアドバイスを書く

08 スピーチの原稿を書く

09 感想文を書く

10 意見文を書く

01 メモを残す
のこ

- どんな時にメモを残しますか。

- メモを残す時、どんな情報を入れる必要がありますか。
  （例：誰から誰に宛ててのメッセージか）

- 人から聞いたことを伝える表現には、どんなものがありますか。

モデル文

1　同僚へ

田中さんへ

午後２時半ごろ、総務部の伊藤さんから電話がありました。
会議が終わり次第、電話してほしいそうです。

山本

単語

残す 남기다 ｜ 入れる 넣다 ｜ 必要 필요 ｜ 〜に宛てて 〜에게 ｜ メッセージ 메시지 ｜ 伝える 전하다 ｜ 表現 표현 ｜ 同僚 동료 ｜ 総務部 총무부

2　母から娘へ
むすめ

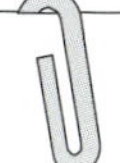

ひなへ

ゴミ当番の件で６０１棟の集会所に行ってきます。
とうばん　　　　　　　　　とう　　しゅうかいしょ
暗くならないうちに帰ってくるつもりだけど、

帰りはちょっと遅くなると思います。
かえ
テーブルの上に肉じゃがとサラダがあるから、
にく
先に食べておいてね。
さき

お母さんより

3　部下から上司へ
ぶ　か　　じょう　し

田中課長
た　なか

本日午後３時２４分、日本商事の佐藤様から工事の見積りの件でお
ほんじつ　　　　　　　　　に ほんしょうじ　さ とう　　　　こうじ　　みつも
電話がありました。

もう一度検討してほしいそうです。またかけ直すとのことでしたが、
けんとう　　　　　　　　　　　　　　　　　　　なお
こちらからかけると伝えておきました。よろしくお願いします。

高橋
たかはし

単語

娘 딸｜ゴミ当番 쓰레기 당번｜棟 동(아파트)｜集会所 집합소｜帰り 귀가｜肉じゃが 소고기나 돼지고기와 감자, 양파 등을 넣고 간장.
むすめ　　　とうばん　　　　　　　とう　　　　　しゅうかいしょ　　　　　かえ　　　　　にく
설탕 등으로 조린 요리｜サラダ 샐러드｜先に 먼저｜部下 부하｜上司 상사｜本日 오늘｜商事 상사｜工事 공사｜見積り 견적｜検
さき　　　　　　ぶ か　　じょうし　　　　ほんじつ　　　　しょうじ　　　こうじ　　　みつも　　　けん
討 검토｜かけ直す 다시 걸다
とう　　なお

1　동사 ます형＋次第(しだい)　~되는 대로, ~하는 즉시

➜ 어떤 일이 실현되면 바로 그 다음 행동이 일어나는 것을 나타낼 때 쓴다.

- 資料が準備でき**次第**、知らせます。
- 状況が分かり**次第**、教えてください。

2　동사 て형＋てほしい　~하기 바란다, ~했으면 좋겠다

➜ 말하는 사람의 희망이나 요구를 나타낼 때 쓴다.

- ちょっと手伝っ**てほしい**んですが。
- 子供にはたくさんの本を読ん**でほしい**と思います。

Tip 단, 자기 자신이 바라는 일에 관해서는 쓸 수 없다.

- 私は本を買っ**てほしい**です。（×）
- 私は本を買い**たい**です。（○）

Tip 「동사 ない형＋ないでほしい」의 형태는 하지 말라고 부탁할 때 쓴다.

- あなたにはあきらめ**ないでほしい**。

3　동사 ない형＋ないうちに　~하기 전에

➜ 어떤 일이 발생하기 전에 행동할 것을 나타낼 때 쓴다.

- 暗くなら**ないうちに**、家に帰ります。
- 冷め**ないうちに**、食べてください。

Tip 「동사·い형용사 사전형, な형용사 な, 명사 の＋うちに」는 '일정한 기간 내에, ~일 때'라는 의미로 쓰인다.

- 朝の**うちに**、仕事を済ませましょう。
- 私が出かけている**うちに**、宅配が来た。

4 **동사 て형＋ておく** ~해 두다

→ 어떤 목적을 위해 무엇인가 준비해 두는 것을 나타낼 때 쓴다.

- 飛行機の切符を予約しておきました。
  （よやく）
- 換気のため、窓を開けておきました。
  （かんき）

5 **보통체형＋そうだ, とのことだ** ~라고 한다, ~라는 것이다

→ 전해 듣거나 읽어서 얻은 정보를 전달할 때 쓰는 표현이다.「～そうだ」보다「～とのことだ」가 문어체에 더 많이 쓰인다.

- 昨日、日本で大きな地震があったそうです。
  （じしん）
- 山下さんが来月結婚するそうです。
  （やました）　　　　（けっこん）
- 兄の手紙では、今年のおぼんの休みに田舎に帰るとのことだ。
  （やす）　　（いなか）
- ニュースによると、今年の冬はあまり寒くならないとのことだ。

Tip 전문을 나타내는 형식에는 이외에도「～らしい、～と言っていました」가 있다.

- 台風が近づいているらしいです。
  （たいふう）（ちか）
- ４時までには戻ると言っていました。
  （もど）

単語

知らせる 알리다 ┃ 教える 가르치다 ┃ 手伝う 돕다 ┃ あきらめる 포기하다, 단념하다 ┃ 冷める 식다, 차가워지다 ┃ 済ませる 마치다 ┃
（し）　　　　　　（おし）　　　　　　（てつだ）　　　　　　　　　　　　　　　　　　　　　　　　（さ）
宅配 택배 ┃ 予約 예약 ┃ 換気 환기 ┃ 地震 지진 ┃ 結婚 결혼 ┃ おぼんの休み 추석 연휴 ┃ 田舎 시골 ┃ 台風 태풍 ┃ 近づく 다가오다 ┃
（たくはい）　（よやく）　　（かんき）　（じしん）　（けっこん）　　　　　　（やす）　　　　　　（いなか）　　（たいふう）　（ちか）
戻る 되돌아오(가)다
（もど）

1 〜次第

❶ 天気が回復し次第、＿＿＿＿＿＿＿＿＿＿＿＿＿を再開しましょう。

❷ ＿＿＿＿＿＿＿＿＿＿＿＿＿＿＿次第、連絡をお願いします。

❸ 家に帰り次第、＿＿＿＿＿＿＿＿＿＿＿＿てください。

2 〜てほしい

❶ ＿＿＿＿＿＿＿＿＿＿に、もっと私の気持ちを理解してほしい。

❷ 私の大切な人には＿＿＿＿＿＿＿＿＿＿＿＿＿ないでほしい。

❸ 私は＿＿＿＿＿＿＿に＿＿＿＿＿＿＿＿＿＿＿てほしいと

思っています。

3 〜ないうちに

❶ ＿＿＿＿＿＿＿＿＿＿＿＿＿ないうちに家に帰りたい。

❷ 桜の花が＿＿＿＿＿＿＿＿＿＿＿＿＿＿ないうちに花見に行きま

しょう。

❸ 夏休みが終わらないうちに、＿＿＿＿＿＿＿＿＿＿＿＿たい。

単語

回復 회복 ｜ 再開 재개 ｜ 理解 이해 ｜ 大切だ 소중하다, 중요하다 ｜ 花見 벚꽃놀이

〜ておく

❶ もっと寒くなる前に、＿＿＿＿＿＿＿＿＿＿＿＿＿＿＿＿＿＿＿ておこう。

❷ 地震に備えて、＿＿＿＿＿＿＿＿＿＿＿＿＿＿＿＿＿＿＿ておきます。

❸ 明日は出張だから、今日中に＿＿＿＿＿＿＿＿＿＿＿＿＿＿＿＿＿ておかな

ければならない。

5 〜そうだ、〜とのことだ

❶ 天気予報によると、明日は＿＿＿＿＿＿＿＿＿＿＿＿＿＿＿＿＿そうです。

❷ ニュースによると、＿＿＿＿＿＿＿＿＿＿＿＿＿＿＿＿＿そうです。

❸ 社長は少し遅れるので、＿＿＿＿＿＿＿＿＿＿＿＿＿＿＿＿＿とのこと

です。

❹ (手紙で) そちらは最近、＿＿＿＿＿＿＿＿＿＿＿＿＿＿＿＿＿とのことで

すが、いかがお過ごしですか。

単語

備える 대비하다, 준비하다 | 出張 출장 | 遅れる 늦다 | いかが 어떻게

課題 1

家に帰ってきましたが、だれもいません。あなたは夕食の準備をしながら家族を待っています。すると、友達から会いたいという連絡が来ました。家族のみんながもうすぐ帰ってくる時間です。出かける前に、メモを残してください。

課題 2

あなたはお弁当屋さんでアルバイトをしています。一人で店番をしているところに、予約の電話がかかってきました。個数やメニュー等、必要なことを聞き、店長にメモを残してください。

✎ 書く前に

❶ それぞれ、だれがだれに宛てて書いたものですか。

❷ どうして、メモを残しますか。

❸ それに関して、他に伝えたいことは何ですか。

構成例文 1

読む人	・お母さんへ ・お父さんへ ・お姉ちゃんへ (その他、家族の名前等)
用件	・友達の＿＿＿＿＿＿＿＿＿＿から電話があって、ちょっと出かけてきます。 ・＿＿＿＿＿＿＿＿＿＿を作っておいたので、先に食べてください。 ・＿＿＿＿＿＿＿＿＿＿には戻ると思います。
書いた人	・ゆみ (自分の名前) より ・ゆみ

構成例文 2

読む人	店長へ

用件	・今日の＿＿＿＿＿＿＿＿＿＿頃に予約注文の電話がありました。 ・＿＿月＿＿日の＿＿曜日、＿＿時に＿＿＿＿＿＿＿＿＿まで配達してほしいとのことです。 ・注文内容は＿＿＿＿＿＿が＿＿個と＿＿＿＿＿＿だそうです。 ・以上、よろしくお願いします。（あいさつ）

書いた人	・田中（名字） ・キム

メモ

単語

夕食 저녁식사 ┃ 弁当屋 도시락 가게 ┃ 店番 가게를 지킴 ┃ 個数 개수 ┃ 店長 점장 ┃ 用件 용건 ┃ 注文 주문 ┃ 配達 배달 ┃ 名字 성

⬇ 自分の書いた作文をチェックしてもらいましょう。

チェックした人＿＿＿＿＿＿＿＿＿＿＿

評価項目			
	1	課題（かだい）に合った内容で書いているか	とてもよい・よい・ふつう・もう少し・がんばろう
	2	構成（こうせい）はいいか	とてもよい・よい・ふつう・もう少し・がんばろう
	3	適切（てきせつ）に段落（だんらく）を分けているか	とてもよい・よい・ふつう・もう少し・がんばろう
	4	読み手に合う文体（ぶんたい）を使っているか	とてもよい・よい・ふつう・もう少し・がんばろう
	5	読み手にとって興味深い（きょうみぶか）内容か	とてもよい・よい・ふつう・もう少し・がんばろう
	6	正確（せいかく）な文法（ぶんぽう）を使っているか	とてもよい・よい・ふつう・もう少し・がんばろう
	7	効果的な文型（ぶんけい）を使っているか	とてもよい・よい・ふつう・もう少し・がんばろう
	8	句読法（くとうほう）をよく守っているか	とてもよい・よい・ふつう・もう少し・がんばろう
	9	正しい日本語表記（ひょうき）を使っているか	とてもよい・よい・ふつう・もう少し・がんばろう
	10	字（じ）が読みやすいか	とてもよい・よい・ふつう・もう少し・がんばろう

上の評価項目をもとに詳しいコメントを書いてください。

総合評価	いい点	
	改善点	

※ 作文評価シートをもとに、付録（ふろく）の作文ノートに清書（せいしょう）しましょう。

02 手紙で近況を伝える

- みなさんは、どんな時に手紙を出しますか。
- 手紙を書く時のきまりについて知っているだけ挙げてみてください。
- 日本と韓国の手紙の書き方には、何か違いがありますか。

モデル文

1 卒業生から恩師へ

拝啓

毎日寒い日が続きますが、お元気でいらっしゃいますか。

私は仕事にも少しは慣れ、充実した毎日を過ごしております。

早いもので、卒業してからもう7年が経ってしまいました。

なかなか連絡できなくてすみません。

さて、このたび私は引越しいたしました。

マイホームを手に入れることができ、家族みんな大変喜んでおります。

近くにいらっしゃることがあれば、是非お寄りください。

それでは、季節の変わり目ですので、

くれぐれも健康にお気をつけください。

敬具

2 知人へ
ちじん

拝啓

最近めっきり春らしくなってきましたが、いかがお過ごしですか。
はる

早いもので、最後に会ってからもう1年半になりますね。

実は私、このたび転職しました。
じつ　　　　　　　　てんしょく

しばらく旅行会社で働いていましたが、教育者になるという夢を
ゆめ

あきらめられず、今は学習塾で数学講師として働いています。
がくしゅうじゅく　　すうがくこうし

毎日残業で大変ですが、自分で決めたからには頑張るつもりです。
ざんぎょう　　　　　　　　　じ ぶん　き

まずは、ご挨拶まで。
あいさつ

吉田さんも近況を教えてください。
よし だ

敬具

● 単語

モデル1　近況 근황 ┃ 手紙を出す 편지를 보내다 ┃ 挙げる 들다, 거론하다 ┃ 書き方 쓰는 방법 ┃ 違い 차이 ┃ 恩師 은사 ┃ 拝啓 배계(삼
きんきょう　　　　 てがみ　だ　　　　　　　　　　　 あ　　　　　　　　　 かた　　　　　　　ちが　　　　　おん し　　　　　はいけい
가 아뢴다는 뜻으로 편지 머리에 쓰는 말) ┃ 続く 계속되다 ┃ 慣れる 익숙해지다 ┃ 充実 충실 ┃ なかなか 좀처럼 ┃ さて 그런데(편지에서 전문
　　　　　　　　　　　　　　　　　　　　つづ　　　　　　　 な　　　　　　　　じゅうじつ
에서 본문으로 넘어갈 때 첫머리에 씀) ┃ このたび 이번에 ┃ 引越し 이사 ┃ マイホーム 자가, 내 집 ┃ 手に入れる 손에 넣다 ┃ 喜ぶ 기뻐
　　　　　　　　　　　　　　　　　　　　　　　　　　ひっこ　　　　　　　　　　　　　　　　　　　て　い　　　　　　　よろこ
하다 ┃ 是非 꼭 ┃ 寄る 들르다 ┃ 季節の変わり目 환절기, 계절이 바뀔 무렵 ┃ くれぐれも 부디 ┃ 敬具 경구(편지 끝의 인사말. 첫머리에 쓰
　　　ぜ ひ　　　よ　　　　　 きせつ　か　　め　　　　　　　　　　　　　　　　　　　　　　　　けい ぐ
는 拝啓와 대응해서 씀)

モデル2　知人 지인 ┃ めっきり 현저히, 두드러지게 ┃ 春らしい 봄답다 ┃ 実は 실은 ┃ 転職 전직, 이직 ┃ しばらく 한참, 오랫동안 ┃ 夢
　　　　　　 ちじん　　　　　　　　　　　　　　　　　　　 はる　　　　　　　 じつ　　　　　てんしょく　　　　　　　　　　　　　　　　　　　ゆめ
꿈 ┃ 学習塾 학습 학원 ┃ 数学講師 수학 강사 ┃ 残業 야근, 잔업 ┃ 決める 결정하다 ┃ 挨拶 인사
　　　がくしゅうじゅく　　 すうがくこうし　　　　　ざんぎょう　　　　　　　　　き　　　　　　　 あいさつ

1 존경어, 겸양어 [특수형]

→ 존경어는 말하는 사람이 듣는 사람이나 화제의 인물을 높이는 말이고, 겸양어는 말하는 사람 (말하는 사람 측)
이 자신을 낮춤으로써 듣는 사람이나 화제의 인물을 높이는 말이다. 다음 동사에는 동사 자체에 존경과 겸양
의 의미가 포함되어 있다.

사전형	존경 동사	겸양 동사
行く 가다	いらっしゃる、おいでになる 가시다	参る、伺う
来る 오다	いらっしゃる、おいでになる 오시다	参る、伺う
いる 있다	いらっしゃる、おいでになる 계시다	おる
言う 말하다	おっしゃる 말씀하시다	申す、申し上げる
食べる / 飲む 먹다 / 마시다	召し上がる 드시다 / 마시시다	いただく
見る 보다	ご覧になる 보시다	拝見する
見せる 보이다		お目にかける、ご覧にいれる
会う 만나다		お目にかかる
する 하다	なさる 하시다	いたす
知っている 알고 있다	ご存じだ 아시다	存ずる、存じ上げる
分かる 알다		承知する、かしこまる
くれる 주다	くださる 주시다	
もらう 받다		いただく、ちょうだいする
借りる 빌리다		拝借する
聞く 듣다		伺う、拝聴する
寝る 자다	お休みになる 주무시다	
気に入る 마음에 들다	お気に召される 마음에 드시다	
年をとる 나이를 먹다	お年を召される 연세가 드시다	
風邪を引く 감기에 걸리다	お風邪をお召しになる 감기에 걸리시다	

- 先生は来週、韓国へいらっしゃいます。(존경어)

- 社長は夜9時にお休みになるそうです。(존경어)

- 明日、私が工場へ伺います。(겸양어)

- 安田先生の講演を拝聴しましたが、とても感動的でした。(겸양어)

2 お＋動詞 ます形＋ください, ご＋名詞＋ください　　~해 주세요, ~하세요

→ 다른 사람에게 정중하게 부탁하거나 의뢰할 때 쓰는 표현이다.

・どうぞ、お召し上がりください。

・日本へいらっしゃいましたら、ご連絡ください。

3 名詞＋として　　~로서

→ 입장이나 자격, 명목 등을 나타낼 때 쓴다.

・日本の代表として、大会に出席しました。

・政治家の一人として、今の日本をどう思いますか。

4 보통체형＋からには(단, な형용사だ・名詞 である＋からには)　　~한 이상은

→ 어떤 상황이 된 이상 무엇인가를 해야 한다는 것을 나타낼 때 쓴다.

・試合に出るからには、勝ちたい。

・引き受けたからには、最後まで集中してほしい。

Tip 「~以上(は)」도 유사한 의미를 나타내지만 「~からには」에 비해 문어체에 자주 쓰인다.

・あなたは日本で生活している以上、日本の習慣に従わなければならない。

🎧 単語

工場 공장 ▎講演 강연 ▎感動的 감동적 ▎大会 대회 ▎出席 출석, 참석 ▎政治家 정치가 ▎試合 시합 ▎勝つ 이기다 ▎引き受ける 받아들이다 ▎集中 집중 ▎習慣 습관 ▎従う 따르다

1 존경어 [특수형]

❶ 社長はよく＿＿＿＿＿＿＿＿＿＿＿＿＿＿＿＿＿＿＿を好んで召し上がる。
　　　　　　　　　　　　　　　　　　　　　　　　　　　　　　　　この

❷ 先生はよく＿＿＿＿＿＿＿＿＿＿＿＿＿＿＿＿＿とおっしゃる。

❸ 林先生は毎日10時ごろに、＿＿＿＿＿＿＿＿＿＿＿＿＿＿そうだ。
　　はやし

2 겸양어 [특수형]

❶ 私の名前は＿＿＿＿＿＿＿＿＿＿＿＿＿＿＿＿＿＿と申します。

❷ (職業) ＿＿＿＿＿＿＿＿＿＿＿＿＿＿＿＿＿をしております。
　　しょくぎょう

❸ それでは来週、＿＿＿＿＿＿＿＿＿＿＿＿＿＿＿。

3 お / ご〜ください

❶ ＿＿＿＿＿＿＿＿＿＿＿＿＿＿＿＿＿をご覧ください。

❷ ＿＿＿＿＿＿＿＿＿＿＿＿＿＿＿＿＿にお気をつけください。

❸ お疲れでしょうから、＿＿＿＿＿＿＿＿＿＿＿＿＿ください。

単語

好んで 즐겨, 곧잘 ┃ 職業 직업
この　　　　　　　　しょくぎょう

　〜として

❶　この仕事に＿＿＿＿＿＿＿＿＿＿＿＿＿＿＿＿＿＿として関わっている。
　　<ruby>関<rt>かか</rt></ruby>

❷　趣味として＿＿＿＿＿＿＿＿＿＿＿＿＿＿＿＿を習っている。

❸　＿＿＿＿＿＿＿＿＿＿＿は＿＿＿＿＿＿＿＿＿＿＿＿として

有名です。

5　〜からには

❶　日本に留学したからには、＿＿＿＿＿＿＿＿＿＿＿＿＿＿＿。

❷　＿＿＿＿＿＿＿＿＿＿＿＿＿＿＿と決めたからには、

一生懸命頑張ります。
いっしょうけんめい

❸　＿＿＿＿＿＿＿＿＿＿＿＿＿からには、守らなけ
　　　　　　　　　　　　　　　　　　　　　　　　まも

ればならない。

単語

関わる 관계되다, 상관하다 ｜ 一生懸命 열심히 ｜ 守る 지키다
かか　　　　　　　　　　　いっしょうけんめい　　　　まも

課題 1

読み手：日本でお世話になった（　　　　）さん

内　容：日本にいる友達やお世話になった人達に近況を伝える手紙を書いてみましょう。

課題 2

読み手：先生

内　容：卒業後の自分を想像して、大学の先生に近況を伝える手紙を書いてみましょう。

✎ 書く前に

❶ 今はどんな季節ですか。

❷ この季節には何に気をつけなければいけませんか。

〔例〕寒さ（暑さ）が本格的になってきた。 → 風邪（夏バテ）

❸ その人（先生）と最後に会って、どのくらいの時間が経ちましたか。

❹ 最近はどのように過ごしていますか。

❺ 最近何か生活に変化がありましたか。

構成例文

頭語 （とうご）	・拝啓（一般的な手紙） ・前略（前文を省略する場合） ・拝復（返信の場合）
前文 （時候のあいさつと 安否）	・めっきり春らしくなってきましたが、いかがお過ごしですか。 ・毎日暑い日が続きますが、お元気でいらっしゃいますか。 ・朝晩冷え込んできましたが、風邪等ひいていませんか。 ・本格的に寒くなってきましたが、お元気ですか。

自分の状況	・私は元気に過ごしております。 ・毎日忙しいですが、充実した毎日を過ごしております。
会っていない期間 （き かん）	・早いもので、最後に＿＿＿＿＿＿＿＿さんに会ってから、もう＿＿＿＿＿年が経とうとしています。 ・早いもので、私が卒業してからもう＿＿＿＿＿年経ちました。
用件	・さて、このたび私は＿＿＿＿＿＿＿＿＿＿＿＿＿＿ことになりました。 ・実は私、このたび＿＿＿＿＿＿＿＿＿＿＿＿ことになりました。 ・このたび連絡をさしあげたのは、他でもなく＿＿＿＿＿＿＿＿＿＿＿＿＿＿＿＿ことになったのです。
あいさつ	・まずは、ご挨拶まで。 ・季節の変わり目ですので、くれぐれも健康にお気をつけください。 ・まだまだ暑い日が続くとのことですので、夏バテに気をつけてください。 ・まだまだ寒い日が続くとのことですので、風邪に気をつけてください。
結語	敬具 草々 （頭語に「前略」を使った場合） （そうそう）

読み手（よ て） 읽는 사람 ｜ お世話になる 신세를 지다 ｜ 想像（そうぞう） 상상 ｜ 本格的（ほんかくてき） 본격적 ｜ 夏バテ（なつ） 여름을 탐. 더위를 먹음 ｜ 頭語（とうご） 문장의 첫머리 ｜
一般的（いっぱんてき） 일반적 ｜ 前略（ぜんりゃく） 전략 ｜ 前文（ぜんぶん） 전문 ｜ 省略（しょうりゃく） 생략 ｜ 場合（ば あい） 경우 ｜ 拝復（はいふく） 편지의 답장 첫머리에 쓰는 의례적인 인사말 ｜ 返信（へんしん） 답장 ｜ 時候（じ こう）
시절. 절기 ｜ 安否（あん ぴ） 안부 ｜ 朝晩（あさばん） 밤낮 ｜ 冷え込む（ひ こ） 추워지다 ｜ 期間（き かん） 기간 ｜ 草々（そうそう） 총총(편지 끝에 급하게 썼다는 것을 나타내는 인사말)

作文評価シート

📥 自分の書いた作文をチェックしてもらいましょう。

チェックした人＿＿＿＿＿＿＿＿＿＿＿＿

評価項目		評価
1	課題（かだい）に合った内容で書いているか	とてもよい・よい・ふつう・もう少し・がんばろう
2	構成（こうせい）はいいか	とてもよい・よい・ふつう・もう少し・がんばろう
3	適切（てきせつ）に段落（だんらく）を分けているか	とてもよい・よい・ふつう・もう少し・がんばろう
4	読み手に合う文体（ぶんたい）を使っているか	とてもよい・よい・ふつう・もう少し・がんばろう
5	読み手にとって興味深（きょうみぶか）い内容か	とてもよい・よい・ふつう・もう少し・がんばろう
6	正確（せいかく）な文法（ぶんぽう）を使っているか	とてもよい・よい・ふつう・もう少し・がんばろう
7	効果的な文型（ぶんけい）を使っているか	とてもよい・よい・ふつう・もう少し・がんばろう
8	句読法（くとうほう）をよく守っているか	とてもよい・よい・ふつう・もう少し・がんばろう
9	正しい日本語表記（ひょうき）を使っているか	とてもよい・よい・ふつう・もう少し・がんばろう
10	字（じ）が読みやすいか	とてもよい・よい・ふつう・もう少し・がんばろう

上の評価項目をもとに詳しいコメントを書いてください。

総合評価	いい点	
	改善点	

※ 作文評価シートをもとに、付録（ふろく）の作文ノートに清書（せいしょう）しましょう。

旅先から絵葉書を送る
たび さき　　　　　　え は がき

- 絵葉書を送ったことがありますか。また、絵葉書をもらったことがありますか。
- 最近、どこか旅行へ行きましたか。
- そこはどんな所ですか。

モデル文

1　学生から先生へ

先生、こんにちは。寒くなりましたが、お元気ですか。

私はなんと、今富士山にいます。先生も、富士山にお登りになった
ふ じ さん　　　　　　　　　　　　　　　　　　　　　のぼ
ことがありますか。富士山といえば、日本で一番高い山ですが、こん
なところにも郵便局があって、ここから手紙を出すことができます。

頂上からの景色は素晴らしく、とても感動しました。写真をたくさん
ちょうじょう　　　すば　　　　　　　　　　　　　　　　しゃしん
撮りましたので、今度お見せしますね。富士山に登ったことは、私
と
にとってとてもいい経験になりました。
けいけん
それでは、また学校でお会いできることを楽しみにしています。
たの
さようなら。

2 友人へ
ゆうじん

つよし君、毎日暑い日が続くけど、夏バテしてない？

私は今、家族みんなで沖縄に来てるよ。つよし君がいろいろと教
おきなわ
えてくれたおかげで、楽しく過ごしてるよ。

海がすごくきれいで、物価も東京より安いね。ずっとここで暮ら
ぶっか　　とうきょう　　やす　　　　　　　　　　　　く
したいくらい。料理では、特にゴーヤーチャンプルというのが印
象的だったよ。ちょっと苦いけど、体にいいそうだね。
しょうてき　　　　　にが

戻ったら連絡するね。お土産を買っていくので、お楽しみに。
みやげ

それじゃ、またね！

1 お＋동사 ます형＋になる, ご＋명사＋になる　　～하시다

→ 존경어를 만드는 대표적인 형식이다. 대체로 「お」는 고유어에 붙이고, 「ご」는 한자어에 붙인다.

- 社長はもう**お帰りになりました**。
- この本は山下先生が**お書きになった**ものです。
- 先生は１時間前に、**ご出発になりました**。
- 今日の会議では、部長が**ご発表になります**。

2 보통체형, 명사＋といえば　　～라고 하면

→ 어떤 화제에 대해 그것과 연상되는 것을 기술하거나 설명할 때 쓴다.

- 冬に行きたいところ**といえば**、温泉でしょう。
- 将来のこと**といえば**、やはり就職が気になります。

3 お＋동사 ます형＋する, ご＋명사＋する　　～하다

→ 겸양어를 만드는 대표적인 형식으로 「する」 대신에 「いたす」를 쓰기도 한다.

- お茶を**お持ちしました**。
- さきほど、**お知らせいたしました**。
- 来年の計画は、のちほど**ご報告します**。
- 私が**ご案内いたします**。

🔖 単語

出発 출발 ｜ 温泉 온천 ｜ 将来 장래, 미래 ｜ 就職 취직 ｜ 気になる 신경이 쓰이다 ｜ のちほど 나중에 ｜ 報告 보고

4 명사＋にとって　　~에게, ~에게 있어서

→ 주로 사람을 나타내는 명사에 연결되어 판단이나 평가의 기준이 되는 것을 나타낸다.

・私にとって、この絵は大切なものです。
・子供にとって、母親の存在は重要である。

5 동사 た형＋たおかげで　　~한 덕분에

→ 다른 사람의 도움 덕분에 좋은 결과로 이어졌음을 나타낼 때 쓴다.

・木村さんが手伝ってくれたおかげで、仕事が早く終わりました。
・昨日、休んだおかげで、風邪がすっかり治りました。

Tip 명사에 「のおかげで」를 붙여서 쓰기도 한다.

・先生のおかげで、合格できました。

単語

絵 그림 ｜ 母親 어머니 ｜ 存在 존재 ｜ すっかり 완전히 ｜ 治る 낫다

1　お / ご〜になる

❶ 社長は5時になると、＿＿＿＿＿＿＿＿＿＿＿＿＿＿＿＿＿＿になります。

❷ 毎日＿＿＿＿＿＿＿＿＿＿＿＿＿＿＿＿＿＿になりますか。

❸ 先生は＿＿＿＿＿＿＿＿＿＿＿＿＿＿＿＿になります。

2　〜といえば

❶ 春といえば、＿＿＿＿＿＿＿＿＿＿＿＿＿＿＿＿＿です。

❷ 韓国で代表的な＿＿＿＿＿＿＿＿＿＿＿＿＿＿＿＿といえば、＿＿＿＿＿
＿＿＿＿＿＿＿＿＿＿＿＿です。

❸ 私の得意なことといえば、＿＿＿＿＿＿＿＿＿＿＿＿＿＿＿＿ことくらい
です。

3　お / ご〜する

❶ 私の＿＿＿＿＿＿＿＿＿＿＿＿＿＿＿＿をご紹介します。

❷ お困りの時は＿＿＿＿＿＿＿＿＿＿＿＿＿＿＿＿ので、おっしゃってくだ
さい。

❸ おいしいレストランをお探しでしたら、＿＿＿＿＿＿＿＿＿＿＿＿＿＿を
お勧めします。

単語

得意だ 잘하다 ｜ 紹介 소개 ｜ お困りの時 곤란하실 때 ｜ 探す 찾다 ｜ 勧める 추천하다

4 〜にとって

❶ 韓国人にとってキムチとは＿＿＿＿＿＿＿＿＿＿＿＿＿＿＿＿＿＿＿ものです。

❷ 私にとって＿＿＿＿＿＿＿＿＿＿＿＿＿＿＿＿＿はとても大切です。

❸ 企業にとっていい人材とは＿＿＿＿＿＿＿＿＿＿＿＿＿＿＿人ではない
　き ぎょう　　　　　じんざい
だろうか。

5 〜たおかげで

❶ ＿＿＿＿＿＿＿＿＿＿＿＿＿＿＿＿＿＿たおかげで仕事が早く終わった。

❷ ＿＿＿＿＿＿＿＿＿＿＿＿＿＿＿＿＿たおかげで日本語の試験に合格しました。

❸ 先輩が適切なアドバイスをしてくれたおかげで、＿＿＿＿＿＿＿＿＿＿＿
　せんぱい　　てきせつ

＿＿＿＿＿＿＿＿＿＿＿＿＿＿＿＿＿＿＿＿＿。

🔖 **単語**

企業 기업 ｜ 人材 인재 ｜ 先輩 선배 ｜ 適切だ 적절하다 ｜ アドバイス 어드바이스, 충고
き ぎょう　　　じんざい　　　せんぱい　　　てきせつ

課題 1

読み手：先生 / 友達（　　　　　）さん

内　容：これまで行った旅行先にいることを想像し、そこから葉書を書いてみましょう。

課題 2

読み手：先生 / 友達（　　　　　）さん

内　容：行ってみたい場所に行ったことを想像し、そこから葉書を書いてみましょう。

書く前に

❶ いつ、どこにだれとどのくらいの期間行きましたか。

❷ そこには何がありますか。何が有名ですか。

❸ そこで何をしましたか。（行く、見る、食べる）

❹ それ（↑）はどうでしたか。

❺ 何が一番印象に残っていますか。

構成例文

始めのあいさつ （はじ）	＿＿＿＿＿＿＿＿＿＿＿＿＿＿＿さん、こんにちは。
前文 （時候のあいさつと安否）	（暖かく / 暑く / 涼しく / 寒く）なりましたが、お元気ですか。 暑い日が続くけど、夏バテしてない？
	場所、期間、一緒に来た人 ・私は＿＿＿＿＿＿＿＿＿＿に＿＿＿＿泊＿＿＿＿日の旅行に＿＿＿＿＿＿＿＿＿＿＿と来ています。 ・私は＿＿＿＿から＿＿＿＿に＿＿＿＿＿＿＿＿＿＿と旅行しているよ。

場所の紹介

・ここは＿＿＿＿＿＿＿＿＿＿で（くて）＿＿＿＿＿＿＿＿
　＿＿＿ところです。

・＿＿＿＿＿が＿＿＿＿＿＿＿＿＿＿で、＿＿＿＿＿も＿＿＿
　＿＿＿＿＿＿＿＿だよ。

旅行先でしたこと

・ここに来てから、＿＿＿＿＿＿＿＿＿＿たり＿＿＿＿＿＿
　＿＿＿＿たりしました（して過ごしています）。

・昨日生まれて初めて＿＿＿＿＿＿＿＿＿たよ。

感想
かんそう

・＿＿＿＿＿＿＿＿＿はとても＿＿＿＿＿＿＿＿＿＿＿
　でした（かったです / ました）。

・ずっとここで暮らしたいぐらいだよ。

印象に残っていること

・特に＿＿＿＿＿＿＿＿＿＿＿＿が印象的でした。

・＿＿＿＿＿＿が素晴らしく、とても感動したよ。

・戻ったら連絡しますね。

・それでは、また。さようなら。

・お土産を買っていくので、お楽しみに。

| 旅行の様子 ようす | |
| 終わりのあいさつ | |

単語

始め 시작 | 様子 상황 | 生まれる 태어나다 | 感想 감상
はじ　　　　　ようす　　　　　う　　　　　　　　　かんそう

📥 自分の書いた作文をチェックしてもらいましょう。

チェックした人＿＿＿＿＿＿＿＿＿＿＿＿＿＿＿

評価項目			
	1	課題に合った内容で書いているか	とてもよい・よい・ふつう・もう少し・がんばろう
	2	構成はいいか	とてもよい・よい・ふつう・もう少し・がんばろう
	3	適切に段落を分けているか	とてもよい・よい・ふつう・もう少し・がんばろう
	4	読み手に合う文体を使っているか	とてもよい・よい・ふつう・もう少し・がんばろう
	5	読み手にとって興味深い内容か	とてもよい・よい・ふつう・もう少し・がんばろう
	6	正確な文法を使っているか	とてもよい・よい・ふつう・もう少し・がんばろう
	7	効果的な文型を使っているか	とてもよい・よい・ふつう・もう少し・がんばろう
	8	句読法をよく守っているか	とてもよい・よい・ふつう・もう少し・がんばろう
	9	正しい日本語表記を使っているか	とてもよい・よい・ふつう・もう少し・がんばろう
	10	字が読みやすいか	とてもよい・よい・ふつう・もう少し・がんばろう

上の評価項目をもとに詳しいコメントを書いてください。

総合評価	いい点	
	改善点	

※ 作文評価シートをもとに、付録の作文ノートに清書しましょう。

お願いのメールを書く
ねが

▶ はじめに

- 目上の人にメールを出す時、どのような点に気をつけていますか。
  めうえ ひと
- 友達や先輩・後輩、先生等にどんなお願いしたことがありますか。
  こうはい
- お願いをする時、どのようなことに気をつけていますか。

モデル文

1　件名：推薦書のお願い
けんめい　すいせんしょ

吉田先生
よしだ

ご無沙汰しております。日本学科のイ・ジヒョンです。
ぶさた

秋も深まってきましたが、体調はいかがお過ごしですか。
ふか　　　　　　　　　　　　たいちょう

さて、突然のメールで失礼ですが、実はお願いがあります。
とつぜん

日韓〇〇財団という財団の奨学生募集に応募することにしたのですが、そ
ざいだん　　　　　　　　しょうがくせいぼしゅう　おうぼ

れには大学の先生の推薦書が必要です。

そこでお手数ですが、その推薦書を書いていただけませんか。
てすう

書類の提出期限は来週の金曜日ですので、お忙しいところ大変申し訳ない
しょるい　ていしゅつきげん　　　　　　　　　　　　　　　　　　　もう　わけ

のですが、来週の水曜日までにいただけないでしょうか。

もし、先生のご都合が悪い場合は、そのようにおっしゃってください。
つごう

それでは、ご連絡をお待ちしております。

イ・ジヒョン

ソヨンちゃん

最近あまり学校で見かけないけど、元気にしてる？
突然のメールでビックリしたかもしれないけど、実は、ソヨンちゃんにお願いがあるの。

うちの学科でやってる演劇のことは知ってるよね？
あれ、今年もやることになってるんだけど、主人公にピッタリの人がいなくて困ってるの。
で、ソヨンちゃんだったら日本語も上手だし、適任だと思ったんだけど、どうかな？
もしよかったら、今年の演劇の主人公、やってくれない？
もちろん、ダメだったら無理しなくてもいいよ。
ちょっと考えてみて。

じゃあ、返事待ってるね。

さゆり

🔖 単語

モデル1　お願い 부탁 ｜ 目上の人 윗사람 ｜ 後輩 후배 ｜ 件名 건명 ｜ 推薦書 추천서 ｜ ご無沙汰 오랫동안 격조함 ｜ 深まる 깊어지다 ｜
体調 몸의 상태 ｜ 突然の 갑작스러운 ｜ 財団 재단 ｜ 奨学生 장학생 ｜ 募集 모집 ｜ 応募 응모 ｜ 手数 성가심, 번거로움 ｜ 書類 서류 ｜ 提出 제출 ｜
提出 期限 기한 ｜ 申し訳ない 미안하다, 면목없다 ｜ 都合 형편, 사정 ｜

モデル2　演劇 연극 ｜ 見かける 눈에 띄다 ｜ 主人公 주인공 ｜ ピッタリ 어긋나거나 틈이 없이 잘 맞는 모양, 딱, 꼭 ｜ (それ)で 그래서 ｜
適任 적임 ｜ ダメだ 안 되다 ｜ 返事 답장

1 동사 사전형＋ことにする　～하기로 하다

➡ 어떤 행동을 자신의 의지로 결정했음을 나타낼 때 쓴다.

・今度の連休に、日本へ行くことにしました。

・授業料を払うため、アルバイトを始めることにしました。

Tip「～ことに決める」를 쓰기도 한다.

・一年ぐらい、アメリカで働くことに決めました。

2 동사 て형＋ていただけませんか　～해 주시지 않으시겠습니까

➡ 다른 사람 (손윗사람이나 손님) 에게 무엇인가를 부탁, 의뢰할 때 쓴다.

・メールで地図を送っていただけませんか。

・お金を少し貸していただけませんか。

3 동사 사전형＋ことになる　～하게 되다

➡ 어떤 일이 자신의 의지와 상관없이 결정된 것을 나타낼 때 쓴다.

・来月から、大阪に転勤することになりました。

・私たち、結婚することになりました。

単語

連休 연휴 ｜ 授業料 수업료 ｜ 払う 지불하다, 내다 ｜ 地図 지도 ｜ 貸す 빌려주다 ｜ 転勤 전근

4　보통체형＋し　　～하고

→ 하나 혹은 둘 이상의 이유를 나열할 때 사용한다.

・今の仕事は楽しいし、給料もいいし、とても気に入っている。

・忙しいし、お金もありませんから、行きません。

5　동사 て형＋てくれない, てくれませんか　　～해 주지 않을래?, ～해 주지 않겠습니까?

→ 다른 사람 (일반적인 상대) 에게 무엇인가를 의뢰할 때 쓴다. 「～ていただけませんか」보다 정중하지 않다.

・パソコンが壊れたんだけど、一度見てくれない？

・引越しのことで困っているんですけど、手伝ってくれませんか。

Tip　의뢰 표현은 정중도에 따라 다음과 같이 구분하여 사용한다.

정중도	표현	대상
높음	書いていただきたいんですが	
	書いていただけませんか	손윗사람 · 손님
	書いてくださいませんか	
	書いてもらいたいんですが	
	書いてもらえませんか	
	書いてくれませんか	일반적인 상대
	書いてもらえますか	
	書いてくれますか	
	書いてください	
	書いてもらえない	
	書いてくれない	
	書いてもらえる	가족 · 친구 · 아랫사람
	書いてくれる	
낮음	書いて	

単語

給料 급료 ｜ 気に入る 마음에 들다 ｜ 壊れる 망가지다

1 　〜ことにする

❶ アルバイトのお金がたまったので、＿＿＿＿＿＿＿＿＿＿＿＿＿＿＿こと
にしました。

❷ 大事な用件は、メールではなく＿＿＿＿＿＿＿＿＿＿＿＿＿＿＿ことに
　だいじ
している。

❸ 私は毎日、健康のために＿＿＿＿＿＿＿＿＿＿＿＿＿＿ことにしている。

2 　〜ていただけませんか

❶ 先生、日本語でスピーチ大会の原稿を書いたのですが、＿＿＿＿＿＿＿＿
　　　　　　　　　　　　　げんこう
＿＿＿＿＿＿＿ていただけませんか。

❷ 担当教授の推薦書が必要なんですが、＿＿＿＿＿＿＿＿＿＿＿＿＿＿
　　　きょうじゅ
ていただけませんか。

❸ 来週の約束のことなんですが、＿＿＿＿＿＿＿＿＿＿＿＿＿＿ていた
だけませんか。

3 　〜ことになる

❶ 明日、田中さんと＿＿＿＿＿＿＿＿＿＿＿＿＿＿ことになっている。
　　　たなか

❷ すみませんが、明日は＿＿＿＿＿＿＿＿＿＿＿＿＿＿ことになってい
るので、参加するのは難しそうです。

❸ この学校は卒業までに全員＿＿＿＿＿＿＿＿＿＿＿＿＿なければな
　　　　　　　　　　ぜんいん
らないことになっています。

❶ 季節の中で＿＿＿＿＿＿＿＿が、＿＿＿＿＿＿＿＿＿＿＿＿
きせつ

し、＿＿＿＿＿＿＿＿＿＿＿＿＿し、一番好きです。

❷ このカフェは、＿＿＿＿＿＿＿＿＿＿＿＿し、＿＿＿＿＿＿

＿＿＿＿＿＿＿＿＿＿し、気に入ってます。

❸ 大学生活は＿＿＿＿＿＿＿＿＿＿＿＿し、＿＿＿＿＿＿＿
せいかつ

＿＿＿＿＿＿＿し、とても＿＿＿＿＿＿＿＿＿＿＿＿です。

5　〜てくれない, 〜てくれませんか

❶ 明日、引越しをするんだけど、＿＿＿＿＿＿＿＿＿＿＿＿てくれ

ない？

❷ 今度のイベントのことでお願いがあるんですけど、＿＿＿＿＿＿＿＿＿

＿＿＿＿＿てくれませんか。

❸ ＿＿＿＿＿＿＿＿＿＿＿＿＿のことで困っているんだけど、＿＿＿

＿＿＿＿＿＿＿＿＿＿＿てくれない？

🔖 **単語**

たまる 쌓이다 | 大事だ 중요하다 | 原稿 원고 | 教授 교수 | 〜そうだ 〜인 듯하다, 〜인 것 같다 | 全員 전원 | 季節 계절 | 生活 생활
　　　　　　　だいじ　　　　　　げんこう　　　きょうじゅ　　　　　　　　　　　　　　　　　　　　　　　ぜんいん　　　きせつ　　　せいかつ

課題 1

読み手：先生

内　容：推薦書を書いてもらう等のお願いのメールを書いてみましょう。

課題 2

読み手：友達（　　　　　）さん

内　容：手伝ってほしいこと等のお願いのメールを書いてみましょう。

✏ 書く前に

❶ お願いしたいことはどんなことですか。

❷ それはいつまでに必要ですか。

❸ それはどうして必要ですか。

❹ 相手の都合が悪い場合はどうしたらいいですか。

構成例文

件名	用件がはっきりしている場合 ・推薦書のお願いについて ・演劇について ・〜の件 はっきりした用件がない場合 ・お久しぶりです ・お元気ですか
宛名 （あてな）	・〇〇先生 ・〇〇さん ・〇〇ちゃん ・会員各位（業務連絡等の場合） かいいんかくい　ぎょうむ

前文 （時候のあいさつと 安否） ただし、メールの場合 前文は必須ではない <ruby>ひっす</ruby>	**第2課と同様** <ruby>どうよう</ruby> ・めっきり春らしくなってきましたが、いかがお過ごしですか。 ・毎日暑い日が続きますが、お元気でいらっしゃいますか。 ・朝晩冷え込んできましたが、風邪等ひいていませんか。 ・本格的に寒くなってきましたが、お元気ですか。
用件	・さて、突然のメールで失礼ですが、実は ＿＿＿＿＿＿＿＿＿＿＿＿ 　の件についてメールを差し上げました。 ・突然のメールでびっくりしたかもしれないけど、実は ＿＿＿＿＿＿＿ 　＿＿＿＿＿＿＿ の件でお願いがあるんだ。
依頼 いらい	**目上の人や親しくない人への依頼** <ruby>した</ruby> ・お忙しいところ、大変申し訳ないのですが、＿＿＿＿＿＿＿＿＿＿ 　＿＿＿＿＿ ていただけませんか。 ・お手数ですが、＿＿＿＿＿＿＿＿＿＿＿＿＿ ていただけませんか。 **友人への依頼** ・もしよかったら、＿＿＿＿＿＿＿＿＿＿＿＿＿＿ てくれない？ ・もしよかったら、＿＿＿＿＿＿＿＿＿＿＿＿＿ てほしいんだけど。
断りの負担を <ruby>ことわ</ruby> <ruby>ふ たん</ruby> **軽くする配慮** <ruby>はいりょ</ruby>	・もし、ご都合が悪い場合は、そのようにおっしゃってください。 ・ダメだったら無理しなくてもいいよ。
返信依頼	・それでは、ご連絡をお待ちしております。 ・じゃあ、返事待ってるね。
署名 しょめい	・イ・ジヒョン ・さゆり ・〇〇拝 　　<ruby>はい</ruby>

🔖 単語

はっきりする 확실하다, 분명하다 | 会員 회원 | 各位 여러분 | 業務 업무 | 同様 같음 | ただし 단, 다만 | 必須 필수 | 依頼 의뢰 | 親
　<ruby>かいいん</ruby>　　<ruby>かくい</ruby>　　<ruby>ぎょうむ</ruby>　　<ruby>どうよう</ruby>　　　　　　<ruby>ひっす</ruby>　　<ruby>いらい</ruby>　　<ruby>した</ruby>
しい 친하다 | 断り 거절 | 負担 부담 | 配慮 배려 | 署名 서명 | 拝 배(편지에서 자기 이름 뒤에 써서 경의를 표하는 말)
　　　　<ruby>ことわ</ruby>　　<ruby>ふ たん</ruby>　　<ruby>はいりょ</ruby>　　<ruby>しょめい</ruby>　　<ruby>はい</ruby>

⬇ 自分の書いた作文をチェックしてもらいましょう。

チェックした人＿＿＿＿＿＿＿＿＿＿＿＿

評価項目			
	1	課題に合った内容で書いているか （かだい）	とてもよい・よい・ふつう・もう少し・がんばろう
	2	構成はいいか （こうせい）	とてもよい・よい・ふつう・もう少し・がんばろう
	3	適切に段落を分けているか （てきせつ　だんらく）	とてもよい・よい・ふつう・もう少し・がんばろう
	4	読み手に合う文体を使っているか （ぶんたい）	とてもよい・よい・ふつう・もう少し・がんばろう
	5	読み手にとって興味深い内容か （きょうみ ぶか）	とてもよい・よい・ふつう・もう少し・がんばろう
	6	正確な文法を使っているか （せいかく　ぶんぽう）	とてもよい・よい・ふつう・もう少し・がんばろう
	7	効果的な文型を使っているか （ぶんけい）	とてもよい・よい・ふつう・もう少し・がんばろう
	8	句読法をよく守っているか （くとうほう）	とてもよい・よい・ふつう・もう少し・がんばろう
	9	正しい日本語表記を使っているか （ひょうき）	とてもよい・よい・ふつう・もう少し・がんばろう
	10	字が読みやすいか （じ）	とてもよい・よい・ふつう・もう少し・がんばろう

上の評価項目をもとに詳しいコメントを書いてください。

総合評価	いい点	
	改善点	

※ 作文評価シートをもとに、付録の作文ノートに清書しましょう。
（ふろく）　　　　　　　　　　（せいしょ）

・日本人に紹介したい韓国名物は何ですか。
　　　　　　　めいぶつ
・それには、どんな特徴がありますか。
・手順を説明する時には、どんなことに気をつけなければなりませんか。

モデル文

1

サムゲタン

　サムゲタンは、にわとりを丸ごと煮込んだスタミナ料理で、夏バテ防止のために夏によく食べられる。特に、三伏の日にはこの料理を食べる人が多い。ちょうど日本で土用の丑の日にウナギを食べる習慣と同じようなものだ。

　作り方は次のとおりだ。まず、にわとりのお腹に高麗人蔘、もち米、ニンニク、ナツメ等を入れる。次に、それを水で煮込み、最後に好みに応じてネギや塩、コショウをふりかけて食べるとさらにおいしくなる。専門店に行くと一年中食べられるので、最近疲れ気味だという方には、是非サムゲタンをお勧めしたい。

道案内

仁寺洞は、ソウル市内で韓国の伝統的な雰囲気を楽しめることから、外国人観光客に大変人気があります。本格的な韓定食や伝統茶の店もたくさんあるので、韓国の食文化も楽しめます。

明洞から仁寺洞へ行くには、まず明洞駅で地下鉄4号線のタンゴゲ方面に乗り、隣の忠武路駅で3号線の大化・旧把撥方面に乗り換えます。それから、三つ目の安国という駅で降りて6番出口を出ます。そこから100メートルほど直進すると、左手に石畳の道があります。それが仁寺洞のメインストリートです。

また、右側の大通りを渡った方は三清洞というところで、お洒落なカフェがたくさんあるので、仁寺洞を訪れたついでに三清洞に行ってみるのもおすすめです。

単語

モデル1 手順 순서 | 名物 명물 | サムゲタン 삼계탕 | にわとり 닭고기 | 丸ごと 통째로, 있는 그대로 | 煮込む 푹 삶다, 푹 끓이다 | スタミナ料理 스태미너 요리 | 防止 방지 | 三伏 삼복(초복, 중복, 말복) | ちょうど 마치, 흡사 | 土用の丑の日 입춘, 입하, 입동 전의 18일 중 십이지가 소인 날 | ウナギ 장어 | 高麗人蔘 고려 인삼 | もち米 찹쌀 | ニンニク 마늘 | ナツメ 대추 | 好み 취향 | ネギ 파 | 塩 소금 | コショウ 후추 | ふりかける 뿌리다 | 専門店 전문점

モデル2 市内 시내 | 伝統的 전통적 | 観光客 관광객 | 韓定食 한정식 | 伝統茶 전통차 | 食文化 음식 문화 | ～号線 ～호선 | 方面 방면 | 乗り換える 갈아타다 | 降りる 내리다 | 出口 출구 | 直進 직진 | 石畳 포석 | メインストリート 주요 거리 | 大通り 큰길, 대로 | 渡る 건너다 | お洒落だ 화려하다 | 訪れる 방문하다

1 동사 사전형・た형, 명사 の＋とおり(단, 명사＋どおり)　～대로, ～한 그대로

→ 예정, 계획, 지시 등을 나타내는 명사, 생각이나 말을 나타내는 동사와 일치하는 내용임을 나타낼 때 쓴다.

- 計画のとおり、仕事が進んでいる。
- 私が言ったとおりにしてください。

Tip　「～ように」와 유사한 의미를 나타내지만, 「～とおり」가 '그대로 ～하다'라는 의미가 강하다.

- 説明書のとおりに作ってください。(전부 일치해야 할 때)
- 写真のように作ってください。(견본으로 제시할 때)

2 명사＋に応じて　～에 따라서, ～에 맞게

→ 정도나 차이를 나타내는 말에 붙어 그것에 따라 내용도 변화한다는 것을 나타낼 때 쓴다.

- 利用者の要求に応じて、資料を提供することにした。
- 人の住む家は、環境に応じて、形や作り方が変わる。

3 동사 ます형, 명사＋気味　～한 느낌

→ 정도는 심하지 않지만, 그런 느낌이 있다는 것을 나타낼 때 쓴다.

- 今日は風邪気味なので、早退しました。
- 最近、物価が上がり気味になってきました。

単語

進む 진행되다 ｜ 利用者 이용자 ｜ 要求 요구 ｜ 環境 환경 ｜ 形 모양 ｜ 変わる 변하다, 바뀌다 ｜ 早退 조퇴

4 보통체형＋ことから(단, な형용사 な・である, 명사 の・である＋ことから)
～해서, ～때문에

➡ 물건의 이름이나 유래, 판단의 근거를 나타낼 때 쓴다.

・この地方はきれいな水が多い**ことから**、酒造りが始まる。

・彼は英語ができるという**ことから**、大手企業に就職が決まったという。

5 동사 사전형・た형, 명사 の＋ついでに　　～하는 김에, ～하는 차에

➡ 어떤 일을 하는 것을 기회로 다른 일도 한다는 것을 나타낼 때 쓴다.

・デパートに行った**ついでに**、そこで開かれていた展覧会を見ました。

・買い物の**ついでに**、公園で散歩をしました。

単語

地方 지방 ┃ 酒作り 술 제조 ┃ 大手企業 대기업

1 ～とおり（どおり）

❶ ＿＿＿＿＿＿＿＿＿＿＿＿＿＿＿＿＿＿はなかなか思ったとおりにいかないものだ。

❷ 部長の＿＿＿＿＿＿＿＿＿＿＿＿＿＿＿＿＿とおり（どおり）に会議の準備をしておきました。

❸ ＿＿＿＿＿＿＿＿＿＿＿＿＿＿＿＿＿とおり（どおり）、先生の奥さんはとてもきれいな方だった。

2 ～に応じて

❶ ラーメンは好みに応じて、＿＿＿＿＿＿＿＿＿＿＿＿＿＿＿等を入れて食べてもおいしい。

❷ この英会話スクールは、＿＿＿＿＿＿＿＿＿＿＿＿＿＿＿に応じてクラスが選べます。

❸ 状況に応じて、＿＿＿＿＿＿＿＿＿＿＿＿＿＿＿なければならない時もある。

3 ～気味

❶ 鼻水が出るし、寒気もするし、どうやら＿＿＿＿＿＿＿＿＿＿＿＿＿＿＿気味のようです。

❷ 最近、＿＿＿＿＿＿＿＿＿＿＿＿＿＿＿ので、太り気味です。

❸ 最近、＿＿＿＿＿＿＿＿＿＿＿＿＿＿＿ので、疲れ気味です。

4　〜ことから

❶ あのアイドルは ＿＿＿＿＿＿＿＿＿＿＿＿＿＿＿＿＿＿＿ことから人気に火が
ついた。

❷ 彼は＿＿＿＿＿＿＿＿＿＿＿＿＿＿＿＿＿＿ことからみんなに信頼されている。

❸ 私は＿＿＿＿＿＿＿＿＿＿＿＿＿＿＿ことから＿＿＿＿＿＿＿＿＿＿＿＿
＿＿＿＿＿＿＿というニックネームをつけられました。

5　〜ついでに

❶ ＿＿＿＿＿＿＿＿＿＿＿＿＿＿＿＿＿＿＿ (の) ついでに、この葉書を出してき
てくれない？

❷ コンビにに行くなら、ついでに＿＿＿＿＿＿＿＿＿＿＿＿＿＿＿＿て来て。

❸ 東京へ出張に行くついでに、＿＿＿＿＿＿＿＿＿＿＿＿＿＿＿たい。

🍒 **単語**

鼻水 콧물 ｜ 寒気 한기 ｜ 太る 살찌다 ｜ アイドル 아이돌 ｜ 火がつく 불이 붙다 ｜ 信頼 신뢰 ｜ ニックネーム 닉네임, 별명
はなみず　　　さむけ　　　ふと

課題 1

あなたの国の有名な料理についてみんなの前で紹介することになりました。その準備のために、説明の原稿を書いておきましょう。

課題 2

あなたの国の有名な町についてみんなの前で紹介することになりました。その準備のために、説明の原稿を書いておきましょう。

課題① – 書く前に

❶ 紹介する料理の名前は何ですか。

❷ 簡単な作り方を教えてください。

❸ 作る時のポイントは何ですか。

（作る際、特に気をつけること、加えるとさらにおいしくなるもの等）

課題② – 書く前に

❶ 紹介する町の名前は何ですか。

❷ そこの町への行き方を教えてください。

❸ そこはどのような場所ですか。

構成例文

名前	・＿＿＿＿＿＿＿＿＿という料理 (町)、場所をご紹介します。 ・＿＿＿＿＿＿＿＿＿とは＿＿＿＿＿（材料）＿＿＿＿＿を＿＿＿＿＿（調理法）＿＿＿＿＿た料理です。 ・＿＿＿＿＿＿＿＿＿は＿＿＿＿＿（位置）＿＿＿＿＿にあります。

<table>
<tr><td>作り方・行き方</td><td>・作り方はまず、＿＿＿＿＿＿＿＿＿＿＿＿＿＿＿＿＿。
それから（次に）、＿＿＿＿＿＿＿＿＿＿＿＿＿＿＿＿。
最後に（それに、それから）、＿＿＿＿＿＿＿＿＿＿＿＿＿＿＿＿＿＿たら出来上がりです。
・＿＿＿＿＿＿＿＿から行くにはまず、＿＿＿＿＿＿＿＿＿＿＿＿＿＿＿＿。
それから、＿＿＿＿＿＿＿＿＿＿＿＿＿＿＿＿。
そこから、＿＿＿＿＿＿＿＿＿＿＿＿＿＿＿所にあります。</td></tr>
<tr><td>ポイント
（課題①）</td><td>・＿＿＿＿＿＿＿＿＿＿＿＿＿＿＿＿とさらにおいしくなります。
・＿＿＿＿＿＿＿＿＿＿＿＿＿＿＿＿のがポイントです。
・このとき、＿＿＿＿＿＿＿＿＿＿＿＿＿＿＿ように注意します。</td></tr>
<tr><td>町の特徴
（課題②）</td><td>・＿＿＿＿＿＿＿＿＿＿は＿＿＿＿＿＿＿＿＿＿＿＿ことから人気があります。
・＿＿＿＿＿＿＿＿＿＿は＿＿＿＿＿＿＿＿＿＿＿＿がたくさんあるところです。
・＿＿＿＿＿＿＿＿＿＿では＿＿＿＿＿＿＿＿＿＿＿＿が楽しめます。</td></tr>
<tr><td>まとめ</td><td>・是非一度、＿＿＿＿＿＿＿＿＿＿＿＿＿＿＿＿を食べてみてください。
・是非一度、＿＿＿＿＿＿＿＿＿＿＿＿＿＿＿＿に行ってみてください。
・韓国にいらした際には、是非、召し上がってください。
・韓国にいらした際には、是非、行ってみてください。
・＿＿＿＿＿＿＿＿＿＿＿＿＿＿＿＿の時にお勧めです。</td></tr>
</table>

単語

町 まち マウル | ポイント 포인트 | 〜際 さい 〜할 때 | 加える くわ 더하다, 추가하다 | 調理法 ちょうりほう 조리법 | 位置 いち 위치 | 出来上がる できあ 완성하다 | いらした際 さい 오셨을 때

作文評価シート

📥 自分の書いた作文をチェックしてもらいましょう。

チェックした人＿＿＿＿＿＿＿＿＿＿＿＿＿

		評価項目	
評価項目	1	課題に合った内容で書いているか （か だい）	とてもよい・よい・ふつう・もう少し・がんばろう
	2	構成はいいか （こうせい）	とてもよい・よい・ふつう・もう少し・がんばろう
	3	適切に段落を分けているか （てきせつ　だんらく）	とてもよい・よい・ふつう・もう少し・がんばろう
	4	読み手に合う文体を使っているか （ぶんたい）	とてもよい・よい・ふつう・もう少し・がんばろう
	5	読み手にとって興味深い内容か （きょう み ぶか）	とてもよい・よい・ふつう・もう少し・がんばろう
	6	正確な文法を使っているか （せいかく　ぶんぽう）	とてもよい・よい・ふつう・もう少し・がんばろう
	7	効果的な文型を使っているか （ぶんけい）	とてもよい・よい・ふつう・もう少し・がんばろう
	8	句読法をよく守っているか （く とうほう）	とてもよい・よい・ふつう・もう少し・がんばろう
	9	正しい日本語表記を使っているか （ひょう き）	とてもよい・よい・ふつう・もう少し・がんばろう
	10	字が読みやすいか （じ）	とてもよい・よい・ふつう・もう少し・がんばろう

上の評価項目をもとに詳しいコメントを書いてください。

総合評価	いい点	
	改善点	

※ 作文評価シートをもとに、付録の作文ノートに清書しましょう。
（ふ ろく）（せいしょ）

▶ はじめに

・最近、気になったニュースがありますか。

・ニュース記事のタイトルはどのようにつけたらいいですか。

・ニュース記事に必要な内容は何ですか。

モデル文

1

住民バザー開催
じゅうみん　　　　　かい さい

　来週の土曜日と日曜日の二日間、住民バザーが開催されます。開催時間は午前10時から午後4時までです。場所は、601棟から605棟にかけての通路で、団地の住民であればどなたでも店を出すことができます。

　本イベントは団地内の住民の交流を深めるとともに、商品のリサイクルを促進するという趣旨で毎年9月に開催されております。

　当日は、午前中にご来場の住民の皆様に限り、無料飲食クーポンを配布する予定ですので、ご家族お誘い合わせの上、ふるってご参加ください。

第5回「日本語学科文化祭」、
大盛況のうちに終了

先月の二十七日に本学科最大のイベントである「日本語学科文化祭」が開催された。当日は雨にもかかわらず、多くの観客が訪れ、イベントに花を添えた。

午後六時に始まった第一部では、主に一・二年生が歌とダンスを、午後七時からの第二部では三年生が日本語演劇を披露した。

例年人気のある本イベントだが、今回は特に高い評価を受けた。本イベントに対し、□□大学の川田教授は「とても素晴らしかった。うちの学科の学生たちにも是非見せたい」と述べた。

本イベントは、本学科の学生の団結を図るとともに、日本語学習の動機づけにするという意味で毎年十月に実施されている。

🍞 単語

モデル1 ニュース記事 뉴스 기사｜タイトル 타이틀, 제목｜つける 붙이다, 달다｜住民 주민｜バザー 바자｜開催 개최｜通路 통로｜団地 단지｜店を出す 가게를 열다｜交流 교류｜深める 깊게 하다｜リサイクル 리사이클, 재활용｜促進 촉진｜趣旨 취지｜当日 당일｜来場 그곳에 옴｜皆様 여러분｜無料 무료｜飲食 음식｜クーポン 쿠폰｜配布 배포｜誘い合わせる 권유하여 함께 행동하다, 미리 생각하고 행동을 같이 하다｜ふるって 자진하여, 적극적으로

モデル2 文化祭 학교 축제｜大盛況 대성황｜終了 종료｜最大 최대｜花を添える 기쁜 일에 기쁨을 더하다｜主に 주로｜ダンス 댄스, 춤｜披露 피로｜例年 예년｜団結 단결｜図る 도모하다｜動機づけ 동기 부여｜実施 실시

1 명사＋から＋명사＋にかけて ～부터～에 걸쳐

➡ 시간이나 장소를 나타내는 명사에 붙어 공간적·시간적 폭을 나타낼 때 쓴다.

・昨晩から今朝にかけて台風が上陸しました。
・今回の大雨で、中部から南部にかけて大きな被害が出ました。

2 동사·い형용사 사전형, な형용사だ である, 명사 (である)＋とともに ～와 함께

➡ 동작이나 변화에 따라 다른 동작이나 변화가 일어나는 것을 나타낼 때 쓴다.

・中国の発展とともに、中国語を習う人が増えてきた。
・年をとるとともに、体が弱くなっていく。

3 명사＋に限り ～에 한해서, ～만

➡ 시간, 공간, 횟수 등 한정적인 것을 말할 때 쓴다.

・御来店の方に限り、すべてのメニューを２０％OFFとさせていただきます。
・これまでの話はこの場限りで、忘れてください。

Tip 「～は(なら)～に限る」의 형태로 '～이 가장 ～하다'를 나타낼 때 쓰기도 한다.

・ハイキングなら秋に限る。

・夏はビールに限るね。

単語

昨晩 어젯밤 ｜ 上陸 상륙 ｜ 中部 중부 ｜ 南部 남부 ｜ 被害 피해 ｜ 発展 발전 ｜ 来店 내점 ｜ 場 자리 ｜ ハイキング 하이킹

4　보통체형＋にもかかわらず(단, な형용사だ, 명사＋にもかかわらず)　~인데도 불구하고

➡ 어떠한 사태로부터 예상되는 일과는 다른 결과가 되는 것에 대한 놀라움이나 의외성을 나타낼 때 쓴다.

・町に大きな公園がある**にもかかわらず**、また、公園を作っている。

・少子化**にもかかわらず**、大学が増え続けているという。
　しょうしか

5　명사＋に対して　~에 대해서
　　　たい

➡ 어떤 동작이나 감정을 표현하는 대상을 나타낼 때 쓴다.

・この頃は、子供**に対して**甘すぎる親が多い。

・海外メディアはその国**に対して**予想以上に批判的だった。
　かいがい　　　　　　　　　　　　　　　　よそう　　　ひはんてき

Tip　「〜に対して」뒤에 명사가 올 때에는「〜に対する＋명사」로 쓴다.

　　　・今日は災害**に対する**取り組みを紹介します。
　　　　　　さいがい　　　　　　と　く

 **単語**

少子化 저출산 ┃ 〜すぎる 너무 〜하다 ┃ 海外メディア 해외 언론 ┃ 予想 예상 ┃ 批判的 비판적 ┃ 災害 재해 ┃ 取り組み 대처
しょうしか　　　　　　　　　　　　　かいがい　　　　　　　　　　よそう　　　ひはんてき　　　さいがい　　　と　く

1　～から～にかけて

❶　ただいま、事故により、＿＿＿＿＿＿＿＿＿＿＿＿＿＿＿＿＿＿＿から＿＿＿＿＿
　　じこ

　　＿＿＿＿＿＿＿＿＿＿＿＿＿＿＿にかけて不通となっております。
　　　　　　　　　　　　　　　　　　ふつう

❷　ここは朝の7時から9時にかけてがもっとも＿＿＿＿＿＿＿＿＿＿＿＿＿＿＿＿

　　＿＿＿＿。

❸　韓国では＿＿＿＿＿＿＿＿＿＿＿＿＿＿＿＿＿から＿＿＿＿＿＿＿＿＿＿＿＿＿＿＿

　　＿＿＿＿にかけてが＿＿＿＿＿＿＿＿＿＿＿＿＿＿＿＿＿＿＿＿のシーズンです。

2　～とともに

❶　＿＿＿＿＿＿＿＿＿＿＿＿＿＿＿＿＿＿＿＿＿とともに、以前では考えられなかった

　　問題が出てきた。

❷　＿＿＿＿＿＿＿＿＿＿＿＿＿＿＿＿＿＿＿の普及とともに＿＿＿＿＿＿＿＿＿＿＿＿＿
　　　　　　　　　　　　　　　　　　　　ふきゅう

　　＿＿＿＿＿＿＿＿＿なくなった。

❸　卒業とともに＿＿＿＿＿＿＿＿＿＿＿＿＿＿＿＿＿＿＿＿ことが決まっている。

3　～に限り

❶　このラウンジは＿＿＿＿＿＿＿＿＿＿＿＿＿＿＿＿＿＿＿に限り利用可能です。

❷　＿＿＿＿＿＿＿＿＿＿＿＿＿＿＿＿＿＿＿に限り、この商品を5割引でお買い求
　　　　　　　　　　　　　　　　　　　　　　　　　　わりびき　　か　もと

　　めいただけます。

❸　＿＿＿＿＿＿＿＿＿＿＿＿＿＿＿＿＿なら＿＿＿＿＿＿＿＿＿＿＿＿＿＿＿に限る。

4　〜にもかかわらず

❶ 大雨が降っているにもかかわらず、＿＿＿＿＿＿＿＿＿＿＿＿＿＿＿＿＿＿＿＿。

❷ 祖母は＿＿＿＿＿＿＿＿＿＿＿＿＿＿＿＿＿＿にもかかわらず、とても元気だ。
　そ ぼ

❸ 一生懸命勉強したにもかかわらず、＿＿＿＿＿＿＿＿＿＿＿＿＿＿＿＿＿＿＿＿。

5　〜に対して

❶ ＿＿＿＿＿＿＿＿＿＿＿＿＿＿＿＿＿＿＿に対してはいつも感謝でいっぱいです。
　　　　　　　　　　　　　　　　　　　　　　　　　　かんしゃ

❷ ＿＿＿＿＿＿＿＿＿＿＿＿＿＿は＿＿＿＿＿＿＿＿＿＿＿＿＿＿に対して

丁寧な言葉を使わなければならない。
ていねい

❸ ＿＿＿＿＿＿＿＿＿＿＿＿＿＿＿に対する情熱だけはだれにも負けません。
　　　　　　　　　　　　　　　　　　　じょうねつ　　　　　　　　ま

単語

事故 사고 | 〜による 〜에 의하다 | 不通 불통 | シーズン 시즌 | 普及 보급 | ラウンジ 라운지 | 5割引 50%할인 | 買い求める 수
じ こ　　　　　　　　　　　　　　　　ふ つう　　　　　　　　　　　　　　ふ きゅう　　　　　　　　　　　　　　　　　わりびき　　　　　　　　　　か　もと
소문해서 사들이다, 입수하다 | 祖母 조모, 할머니 | 感謝 감사 | 丁寧だ 공손하다 | 情熱 정열 | 負ける 지다
　　　　　　　　　　　　　　　　そ ぼ　　　　　　　　かんしゃ　　　ていねい　　　　　じょうねつ　　　ま

課題 1

学校新聞の記事を書くことになりました。今後予定されている行事について案内してください。

課題 2

学校新聞の記事を書くことになりました。最近、行われた行事について報告してください。
※「です・ます体 / だ・である体」どちらかに統一。

✎ 書く前に

❶ それはどんな行事ですか。

❷ その行事はいつ（からいつまで）ですか。

❸ どんな人が参加しますか。もしくは、しましたか。

❹ その他、詳しい内容を教えてください。

❺ その行事の趣旨は何ですか。

構成例文

イベントの紹介	・__（いつ）__ __（どのくらい）__ __（場所）__ で________________が開催されます（ました）。 ・__（いつ）__ __（場所）__ で________________が開かれます（ました）。
趣旨	・この行事は________________という趣旨で開催されています。 ・本イベントは________________ことを目的に実施されている。 ・これは________________という意味で毎年開かれているものです。

<table>
<tr>
<td rowspan="4">その他、詳細
しょうさい</td>
<td>・当日は＿＿＿＿＿＿＿＿＿＿＿＿＿＿＿＿＿の / する予定です。</td>
</tr>
<tr>
<td>・第１部では＿＿＿＿＿＿＿＿＿を、第２部では＿＿＿＿＿＿
＿＿＿＿が披露されます (ました)。</td>
</tr>
<tr>
<td>・中でも、＿＿＿＿＿＿＿＿は特に＿＿＿＿＿＿＿＿＿＿＿＿
＿＿＿。</td>
</tr>
<tr>
<td>・このイベントに対し、＿＿＿＿＿＿＿＿は「＿＿＿＿＿＿＿＿
＿＿＿＿＿＿」と述べた (等の意見が出た)。</td>
</tr>
<tr>
<td>誘いの言葉</td>
<td>・お誘い合わせの上、ふるってご参加ください。
・たくさんの方々のご参加をお待ちしております。
かたがた</td>
</tr>
</table>

メモ

自分の書いた作文をチェックしてもらいましょう。

チェックした人＿＿＿＿＿＿＿＿＿＿＿＿＿

評価項目			
	1	課題に合った内容で書いているか	とてもよい・よい・ふつう・もう少し・がんばろう
	2	構成はいいか	とてもよい・よい・ふつう・もう少し・がんばろう
	3	適切に段落を分けているか	とてもよい・よい・ふつう・もう少し・がんばろう
	4	読み手に合う文体を使っているか	とてもよい・よい・ふつう・もう少し・がんばろう
	5	読み手にとって興味深い内容か	とてもよい・よい・ふつう・もう少し・がんばろう
	6	正確な文法を使っているか	とてもよい・よい・ふつう・もう少し・がんばろう
	7	効果的な文型を使っているか	とてもよい・よい・ふつう・もう少し・がんばろう
	8	句読法をよく守っているか	とてもよい・よい・ふつう・もう少し・がんばろう
	9	正しい日本語表記を使っているか	とてもよい・よい・ふつう・もう少し・がんばろう
	10	字が読みやすいか	とてもよい・よい・ふつう・もう少し・がんばろう

上の評価項目をもとに詳しいコメントを書いてください。

総合評価	いい点	
	改善点	

※ 作文評価シートをもとに、付録の作文ノートに清書しましょう。

悩みへのアドバイスを書く
なや

- 今まで一番悩んだことは何ですか。
- 悩みがある時、だれに相談しますか。
- アドバイスをする時の表現にはどんなものがありますか。

モデル文

1

悩み1

　私は××大学日本語学科の1年生です。日本語を初めて勉強したのは高校2年生の時でした。その時は楽しく勉強することができました。しかし、大学に入ってみると難しい授業ばかりで、とても大変です。同期には日本語がペラペラの人もたくさんいます。それに比べて、私はまだ日本語があまり話せません。それで、最近日本語の勉強が面白くなくなってしまいました。どうしたらよいでしょうか。

アドバイス1

　まずあなたが日本語を勉強している理由について考えてみてはどうでしょうか。もし、明確な目的もなく日本語学科に入ったのなら、専門的な勉強が面白いはずがありません。

　私は日本の大学院に行ってマーケティングを学ぶという目標を立て、経済関係の新聞記事で勉強しています。自分のやりたいことと関係があるので、勉強もつらくありません。あなたも何かはっきりした目標を立てた方がいいと思います。とにかく、日本語を習得して何をしたいのかを具体的に考えてみないことには、答えは出ないでしょう。

悩み2

　私は今、□□大学の２年生です。私には二つ年上の彼氏がいるのですが、この彼氏がとても焼き餅焼きで困っています。学科のイベントには参加してはいけないと言い、サークルに入ることも反対します。彼とは大学が違うので心配になるのも分かるのですが、少しひどいと思いませんか。もっと自由に生活したいと伝えたのですが、彼は私を愛するあまり、束縛してしまうのだと言います。
　私はどうしたらいいか、アドバイスをください。

アドバイス2

　若い男性が焼き餅を焼くことは普通のことですが、少し度が過ぎていると思います。しかし、一番の問題はあなたが彼氏に束縛しないでほしいと強く伝えていないことではないでしょうか。彼に愛しているから束縛すると言われてうれしくなってはいませんか。しかし、それは愛ではありません。

　私も以前似たようなことがありましたが、私はどうしても自由にすることを認めてくれないなら別れると言いました。結局、その人とは別れましたが、私はそれでよかったと思っています。まずは彼氏に束縛しないでほしいとはっきり言うことです。それでも聞いてくれないのなら別れることも考えた方がいいでしょう。

単語

モデル1　悩み 고민 | 同期 동기 | ペラペラ 외국어를 유창하게 함 | 明確だ 명확하다 | 大学院 대학원 | マーケティング 마케팅 | 目標を立てる 목표를 세우다 | 具体的 구체적

モデル2　彼氏 남자친구 | 焼き餅焼き 질투가 심한 사람 | サークル 동아리 | 違う 다르다 | ひどい 심하다 | 愛する 사랑하다 | 束縛 속박 | 度が過ぎる 도가 지나치다 | 似る 닮다, 비슷하다 | 結局 결국

1 명사＋に比べて　～에 비해서

→ 다른 것과 비교하여 어떤 일을 서술할 때 쓴다.

・例年に比べて、今年は物価が高くなっている。

・この地域は、昔に比べて、交通が便利になった。

2 보통체형＋はずがない(단, な형용사 な・である, 명사 の・である＋はずがない)

　　　～일 리가 없다

→ 어떤 사실을 근거로 가능성이 없다는 것을 나타낼 때 쓴다.

・あの優しい人がそんなひどいことをするはずがない。

・サッカーの試合に彼が来ないはずがない。

Tip 회화체에서는 「はずない」와 같이, 「が」를 생략하기도 한다.
　　・A：かぎがない？　そんなはずないよ。
　　・B：あっ、ここにあった。　ごめん。

3 동사의 ない형, い형용사い く, な형용사だ・명사 で＋ないことには

　　　～하기 전에는, ～하지 않고서는

→ 어떤 일을 하지 않으면 다음 일이 일어나지 않는다는 것을 나타낼 때 쓴다.

・彼が会社を辞めた理由は、聞いてみないことには分からない。

・実際に行って見ないことには、何とも言えない。

単語

地域 지역 | かぎ 열쇠 | 辞める 그만두다 | 実際に 실제로

4　보통체형＋あまり(단, な형용사 な, 명사 の＋あまり)　지나치게 ～해서

➡ 정도가 심해서 좋지 않은 결과가 된다는 것을 나타낼 때 쓴다. 다만, 긍정형에서만 쓸 수 있다.

・彼女は嬉しさの**あまり**、泣き出してしまった。
・発音を気にする**あまり**、何も話せなくなった。

5　동사 사전형＋ことだ　～해야 한다, ～한다

➡ 개인적인 의견이나 판단을 조언이나 충고로써 말할 때 쓴다.

・健康になりたいなら、毎日運動する**ことです**。
・夜ぐっすり眠るためには、昼間よく動く**ことだ**。

1　〜に比べて

❶　日本料理は韓国料理に比べて、＿＿＿＿＿＿＿＿＿＿＿＿＿＿＿＿＿＿＿。

❷　猫は犬に比べて、＿＿＿＿＿＿＿＿＿＿＿＿＿＿＿。

❸　私は他の人に比べて、＿＿＿＿＿＿＿＿＿＿＿＿＿＿方です。

2　〜はずがない

❶　ブランドのかばんがこんなに安いなんて、これは＿＿＿＿＿＿＿＿＿＿＿＿＿

はずがない。

❷　あのおとなしい山田さんが、＿＿＿＿＿＿＿＿＿＿＿＿＿＿はずがない。

❸　＿＿＿＿＿＿＿＿＿＿＿＿＿＿から、失敗するはずがない。

3　〜ないことには

❶　＿＿＿＿＿＿＿＿＿＿＿＿＿＿ないことには、コンサートに間に合わ

ない。

❷　＿＿＿＿＿＿＿＿＿＿＿＿＿てみないことには、判断がつかない。

❸　勉強は＿＿＿＿＿＿＿＿＿＿＿ないことには、＿＿＿＿＿＿

＿＿＿＿＿＿＿＿＿＿。

単語

ブランド 브랜드, 상표 ｜ 間に合う 시간에 대다 ｜ 判断がつかない 판단이 서지 않는다

4　〜あまり

❶ ＿＿＿＿＿＿＿＿＿＿＿＿＿＿＿＿＿＿のあまり、涙が出た。

❷ 忙しさのあまり、＿＿＿＿＿＿＿＿＿＿＿＿＿＿＿＿もできない。

❸ 人の目を気にするあまり、＿＿＿＿＿＿＿＿＿＿＿＿＿＿＿。

5　〜ことだ

❶ ＿＿＿＿＿＿＿＿＿＿＿＿＿＿なら、毎日少しずつでも運動することだ。

❷ 人間関係をよく保ちたいなら、＿＿＿＿＿＿＿＿＿＿＿＿＿＿ことだ。

❸ 日本語がうまくなりたければ、＿＿＿＿＿＿＿＿＿＿＿＿＿＿ことだ。

単語

涙 눈물 | 人の目 타인의 시선 | 〜ずつ 〜씩 | 保つ 지키다

課題 1

あなたなら日本語の勉強に悩みを持つ人に対し、どのようなアドバイスをしますか。

課題 2

あなたなら恋人との関係に悩みを持つ人に対し、どのようなアドバイスをしますか。

✏️ 課題① – 書く前に

❶ この人の勉強がうまくいっていない原因は何ですか。

❷ これまで、どんな勉強方法が一番役に立ちましたか。

❸ 日本語の勉強をする時にしない方がいいことは何ですか。

✏️ 課題② – 書く前に

❶ 相談者の恋人との問題はどういうことですか。

❷ 相談者のこれまでの態度にはどのような問題があったと考えられますか。

❸ 相談者は今後どのようにするのがいいと思いますか。

※ 課題のテーマ以外にあなたの最近悩んでいることを書いて、友達からアドバイスをもらいましょう。

構成例文

原因究明 きゅうめい	・一番の問題は、＿＿＿＿＿＿＿＿＿＿＿＿ことだと思います。 ・まず、＿＿＿＿＿＿＿＿＿＿＿てはどうでしょうか。 ・＿＿＿＿＿＿＿＿＿＿＿のではありませんか。

単語

恋人 연인, 애인 | 原因 원인 | 方法 방법 | 役に立つ 도움이 되다 | 態度 태도 | 究明 규명

役立つ勉強方法 （課題①）	・私は聴き取りが苦手でしたが、＿＿＿＿＿＿＿＿＿＿＿＿ことで 徐々に苦手意識がなくなりました。 ・私は＿＿＿＿＿＿＿＿＿＿＿＿という目標を立てて、＿＿＿＿＿ ＿＿＿＿＿＿＿＿で勉強しています。 ・私は＿＿＿＿＿＿＿＿＿＿が日本語の実力アップに一番役に立った と思います。
問題点の指摘 （課題②）	・問題なのはあなたの＿＿＿＿＿＿＿＿＿＿＿＿＿ところではないで しょうか。
解決方法案	・＿＿＿＿＿＿＿＿＿＿＿＿のではなく、＿＿＿＿＿＿＿＿＿＿＿＿ た方がいいと思います。 ・＿＿＿＿＿＿＿＿＿＿＿＿＿のはよくありません。 ・もっと＿＿＿＿＿＿＿＿＿＿＿＿た方がいいでしょう。 ・＿＿＿＿＿＿＿＿＿＿＿＿＿ない方がいいと思います。
アドバイス	・＿＿＿＿＿＿＿＿＿＿＿＿たければ＿＿＿＿＿＿＿＿＿＿＿＿ ことです。 ・＿＿＿＿＿＿＿＿＿＿＿＿てはどうですか。 ・＿＿＿＿＿＿＿＿＿＿＿＿ないことは＿＿＿＿＿＿＿＿＿＿＿＿ ません。

単語

聴き取り 듣기, 청해 | 苦手だ 서투르다 | 徐々に 서서히 | 実力 실력 | アップ 업, 높임 | 指摘 지적 | 解決 해결

⬇ 自分の書いた作文をチェックしてもらいましょう。

チェックした人＿＿＿＿＿＿＿＿＿＿＿

評価項目	1	課題に合った内容で書いているか かだい	とてもよい・よい・ふつう・もう少し・がんばろう
	2	構成はいいか こうせい	とてもよい・よい・ふつう・もう少し・がんばろう
	3	適切に段落を分けているか てきせつ　だんらく	とてもよい・よい・ふつう・もう少し・がんばろう
	4	読み手に合う文体を使っているか ぶんたい	とてもよい・よい・ふつう・もう少し・がんばろう
	5	読み手にとって興味深い内容か きょうみぶか	とてもよい・よい・ふつう・もう少し・がんばろう
	6	正確な文法を使っているか せいかく　ぶんぽう	とてもよい・よい・ふつう・もう少し・がんばろう
	7	効果的な文型を使っているか ぶんけい	とてもよい・よい・ふつう・もう少し・がんばろう
	8	句読法をよく守っているか くとうほう	とてもよい・よい・ふつう・もう少し・がんばろう
	9	正しい日本語表記を使っているか ひょうき	とてもよい・よい・ふつう・もう少し・がんばろう
	10	字が読みやすいか じ	とてもよい・よい・ふつう・もう少し・がんばろう

上の評価項目をもとに詳しいコメントを書いてください。

| 総合評価 | いい点 | |
| | 改善点 | |

※ 作文評価シートをもとに、付録の作文ノートに清書しましょう。
　　　　　　　　　　　　ふろく　　　　　　　　　　せいしょう

・韓国では、どんな時にスピーチをしますか。

・みなさんは、スピーチをしたことがありますか。

・スピーチの原稿を書く時にはどのようなことに注意しますか。

モデル文

1

今まで一番頑張ったこと

　皆さん、こんにちは。私は○○大学日本語学科のキム・ヒョンギと申します。今日は私が今までで一番頑張ったことについてお話ししようと思います。

　それは2年前のことです。私は大学受験に失敗し、浪人することになりました。その当時、私の家は経済的に余裕がなかったので、予備校の授業料も払えない状態でした。そこで、私は授業料を稼ぐために午前4時半に起きて新聞配達、昼は予備校で勉強、夜は焼肉店でアルバイトをして、12時に寝るという生活を続けました。体力には自信があった私も、この時は眠くてたまらず、何度もあきらめそうになりました。しかし、そんな時はいつも、○○大学で勉強している自分の姿を想像して、自分自身を勇気づけました。

　そして、私はついに二度目の受験で希望していた○○大学に合格することができました。これからも頑張って勉強して、大学を卒業するころには「一番頑張ったのは大学時代だ」と言えるようになりたいと思います。

　ご清聴ありがとうございました。

日本と韓国の文化の違い

　皆さん、こんにちは。イ・ウンギョンと申します。私は日本で生活してみて感じた日本と韓国の文化の違いについてお話ししたいと思います。

　私は大学3年生の時に、交換留学生として日本で一年間勉強しました。日本語は中学生の頃から勉強していたので、日本語能力にかけてはある程度自信がありました。しかし、実際に日本に行ってみると、言葉そのものではない文化の面で私が勉強不足だったことを痛感せざるを得ませんでした。例えば、親しくなった日本人を私の家に招待しても、トイレを使う時に必ず私に「トイレ使ってもいい？」と聞くのです。また、お菓子を一緒に食べる時も、私の了解を取ってから食べました。韓国では親しい相手には、このような時にいちいち了解を取りません。ですから、私は何だか自分がヨソ者扱いをされているようで、寂しく思いました。

　しかし、後で私は、彼女が一番の親友にもそのようにしていることに気が付き、これが日本と韓国の文化の違いなのだと分かりました。

　日本人とコミュニケーションするためには、日本語の勉強だけでは不十分で、日本文化についても勉強してはじめて本当のコミュニケーションが可能になると思います。

　これで私のスピーチを終わります。ありがとうございました。

単語

モデル1　受験 수험 | 浪人 재수 | 予備校 예비 학교(대학교의 입학 시험 준비를 위한 지도를 하는 교육 시설) | 稼ぐ (돈을) 벌다 | 焼肉店 불고기 식당 | 体力 체력 | 自信 자신 | 姿 모습 | 勇気づける 용기를 주다 | ついに 마침내, 드디어 | 希望 희망 | 清聴 청취

モデル2　交換留学生 교환유학생 | 程度 정도 | 勉強不足 공부 부족 | 痛感 통감, 절감 | 招待 초대 | 了解を取る 허락을 받다 | ヨソ者扱い 외부인 취급 | 親友 친우, 친한 친구 | コミュニケーション 커뮤니케이션

1 **명사＋について**　　～에 대해서

➡ 다루고 있거나 관계를 가지고 있는 대상을 나타낼 때 쓴다. 언어 활동이나 사고 활동과 관련된 말(言う, 聞く, 考える, 書く, 調べる) 등이 뒤에 오는 경우가 많다.

・その人について、私は何も知らない。
・日本の祭りについて、レポートを書いた。
　　まつ

2 **동사 て형＋てたまらない**　　～해서 견딜 수가 없다

➡ 어떠한 감정이나 상태가 너무 과하여 견딜 수 없음을 나타낼 때 쓴다.

・私は10時が過ぎると、眠たくてたまらない。
　　　　　　す
・あのかばんがほしくてたまらない。

3 **명사＋にかけては**　　～에 있어서는, ～만큼은

➡ 어떤 것에 관해서는 자신이 있거나 뛰어나다는 것을 나타낼 때 쓴다.

・足の速さにかけては自信がある。
　あし　はや
・数学にかけては、彼女はクラスでいつも一番だった。

単語

祭り 축제 | 過ぎる 지나다 | 足の速さ 발의 빠르기
まつ　　　　す　　　　　あし　はや

4 동사 ない형＋ざるを得ない ~하기 바란다, ~했으면 좋겠다

➡ 하고 싶지 않지만 어쩔 수 없이 해야 한다는 것을 나타낼 때 쓴다. 문어체에 많이 쓰이는 표현이다.

- 社長に言われたことだからやらざるを得ない。
- この計画は基本から見直さざるを得なくなりました。

Tip 단, 「しない」는 「せざる」라고 한다.

- この考えには反対せざるを得ない。

5 동사 て형＋てはじめて ~하고 나서 비로소

➡ 어떠한 일을 경험한 결과 처음으로 알게 된 것이나 어렵사리 느낀 것을 나타낼 때 쓴다.

- 病気になってはじめて、健康の大切さを知った。
- 運動はあまり好きではなかったが、自分でやってみてはじめて、面白さが
  分かった。

単語

基本 기본 ┃ 見直す 재검토하다, 다시 보다

1　〜について

❶ 昨晩、＿＿＿＿＿＿＿＿＿＿＿＿＿＿＿＿＿＿＿＿についてのニュースを見た。

❷ ＿＿＿＿＿＿＿＿＿＿＿＿＿＿＿＿＿＿＿について親と真剣に話し合いました。

❸ 最近、＿＿＿＿＿＿＿＿＿＿＿＿＿＿＿＿＿について悩んでいる。

2　〜てたまらない

❶ 隣の家は夜遅くまでピアノを弾く。＿＿＿＿＿＿＿＿＿＿＿＿＿＿＿＿＿

てたまらない。

❷ 明日はテストなのに、＿＿＿＿＿＿＿＿＿＿＿＿＿＿＿＿たくてたまらない。

❸ ＿＿＿＿＿＿＿＿＿＿＿＿＿＿＿＿＿てたまらなかったので、早めに家に

帰りました。

3　〜にかけては

❶ 日本に関する知識にかけては＿＿＿＿＿＿＿＿＿＿＿＿＿＿さんがクラスで

一番だ。

❷ ＿＿＿＿＿＿＿＿＿＿＿＿＿＿＿＿＿にかけては、このホテルは最高です。

❸ ＿＿＿＿＿＿＿＿＿＿＿＿＿＿＿にかけては、だれにも負けない自信が

あります。

単語

真剣に 진지하게 ｜ 話し合う 서로 이야기를 나누다 ｜ 早め 정해진 시간보다 조금 이름 ｜ 知識 지식 ｜ 最高 최고

4 〜ざるを得ない

❶ 何度やっても失敗。こうなったらもう、________________________

ざるを得ない。

❷ みんな彼の意見に賛成だというので、仕方なく私も________________
　　　　いけん　さんせい　　　　　　　　しかた
__________ざるを得ない状況だ。

❸ これほど雨がひどくては、________________________ざるを得ない。

5 〜てはじめて

❶ 普段、特に何とも思っていなくても、失ってはじめて________________
　ふ だん　　　なん　　　　　　　　　　うしな
____________の重要さに気づくものだ。

❷ 外国へ旅行してはじめて、________________________ことが

分かった。

❸ 国際理解とは、________________________てはじめて成立する
　こくさい　　　　　　　　　　　　　　　　　　　　　　　　せいりつ
ものだ。

単語

意見 의견 | 賛成 찬성 | 仕方ない 어쩔 수 없다 | これほど 이 정도(로), 이렇게까지 | 普段 보통, 평소 | 何とも 어떻게도 | 失う 잃다 |
いけん　　　さんせい　　　　しかた　　　　　　　　　　　　　　　　　　　　　　　　　　　ふ だん　　　　　なん　　　　　　うしな
国際 국제 | 成立 성립
こくさい　　　せいりつ

課題 1

学校のスピーチ大会に出場することになりました。「これまでで一番〇〇」というタイトルでスピーチ原稿を書いてみましょう。

〔例〕大変だったこと / うれしかったこと / 悲しかったこと / 感動したこと

課題 2

学校のスピーチ大会に出場することになりました。「日本と韓国の文化の違い」というタイトルでスピーチ原稿を書いてみましょう。

※「です・ます体」で書くこと。

✐ 書く前に

❶ その出来事があった時（それを感じた時）はいつのことですか。

❷ その出来事について詳しく教えてください。

❸ その経験を通してどんなことを得ましたか（気づきましたか）。

❹ 今後、その経験をどのように生かしたいですか。

構成例文

自己紹介	・皆さん、こんにちは。私は＿＿＿＿＿＿＿＿＿＿と申します。
トピックの紹介	・＿＿＿＿＿＿＿＿＿についてお話ししたいと思います。 ・＿＿＿＿＿＿＿＿＿についてお話ししようと思います。
本論	いつ、どこで、どんな状況でその経験をしたのか具体的に書いてみましょう。 ・それは＿＿＿＿＿＿＿＿＿時のことです。 ・私は＿＿＿＿時、＿＿＿＿＿＿＿＿＿で＿＿＿＿＿＿＿＿＿をしました。

得たこと	・その経験で＿＿＿＿＿＿＿＿＿＿＿＿＿＿＿＿＿ということが分かりました。 ・＿＿＿＿＿＿＿＿＿＿＿＿＿＿＿てはじめて＿＿＿＿＿＿＿＿＿＿＿＿＿＿＿と分かりました。
今後について	・これからは(も)＿＿＿＿＿＿＿＿＿＿＿＿＿＿＿＿ようと思います。 ・この経験を生かして、今後、＿＿＿＿＿＿＿＿＿＿＿＿たいと思います。
結びのあいさつ むす	・ご清聴ありがとうございました。 ・これで私のスピーチを終わります。

メモ

単語

出場 출장, 출전 | 出来事 사건 | 感じる 느끼다 | 通す 통하다 | 生かす 살리다 | トピック 토픽, 주제 | 本論 본론 | 結び 맺음말
しゅつじょう　　　　で きごと　　　　　かん　　　　　　　　とお　　　　　　　　い　　　　　　　　　　　　　　　　　　　　　ほんろん　　　　　むす

⬇ 自分の書いた作文をチェックしてもらいましょう。

チェックした人＿＿＿＿＿＿＿＿＿＿＿＿

評価項目	1	課題に合った内容で書いているか （か　だい）	とてもよい・よい・ふつう・もう少し・がんばろう
	2	構成はいいか （こうせい）	とてもよい・よい・ふつう・もう少し・がんばろう
	3	適切に段落を分けているか （てきせつ　だんらく）	とてもよい・よい・ふつう・もう少し・がんばろう
	4	読み手に合う文体を使っているか （ぶんたい）	とてもよい・よい・ふつう・もう少し・がんばろう
	5	読み手にとって興味深い内容か （きょう　み　ぶか）	とてもよい・よい・ふつう・もう少し・がんばろう
	6	正確な文法を使っているか （せいかく　ぶんぽう）	とてもよい・よい・ふつう・もう少し・がんばろう
	7	効果的な文型を使っているか （ぶんけい）	とてもよい・よい・ふつう・もう少し・がんばろう
	8	句読法をよく守っているか （く　とうほう）	とてもよい・よい・ふつう・もう少し・がんばろう
	9	正しい日本語表記を使っているか （ひょう　き）	とてもよい・よい・ふつう・もう少し・がんばろう
	10	字が読みやすいか （じ）	とてもよい・よい・ふつう・もう少し・がんばろう

上の評価項目をもとに詳しいコメントを書いてください。

総合評価	いい点	
	改善点	

※ 作文評価シートをもとに、付録の作文ノートに清書しましょう。
（ふ　ろく）　　　　　　　（せいしょ）

感想文を書く

- 読書や映画鑑賞は好きですか。
- どんなジャンルの本や映画が好きですか。
- 最も感銘を受けた作品は何ですか。

モデル文

1

『五体不満足』を読んで

　『五体不満足』は、乙武洋匡という人が発表したエッセイだ。乙武さんは、生まれた時から両脚と両腕がない。にもかかわらず、『五体不満足』の表紙を飾る彼の写真はとても明るく笑っている。私は彼がどうしてこんなに明るく笑えるのか知りたいと思った。

　実際に読んでみると、障害に屈することなくまっすぐ育った乙武さん自身の強さはもちろん、両親、先生、そして友人たち等の周囲の人々にも感動した。彼らが乙武さんを特別扱いせずにクラスの一員として受け入れたからこそ、今の乙武さんがあるのだと感じた。特に乙武さんが周りの人々に支えられながら、山登りや水泳等の彼にとっては困難な課題をクリアしていく姿は本当に感動的だ。

　今の私はどうだろうか。普通の家庭に五体満足な状態で生まれてきたのに、それを当然だと思い、いつも不満ばかり言ってきたのではないか。『五体不満足』はそんな私に、当たり前の日常への感謝の気持ちを失ってはいけないということを教えてくれた。

『千と千尋の神隠し』を見て

　『千と千尋の神隠し』は数々の日本映画の新記録を打ち立てたアニメーション映画で、国際的にも高い評価を受けただけあって、見所の多い作品である。

　あらすじは次のとおりである。平凡な10歳の少女千尋は、両親と3人で引越ししている時に不思議な町に迷い込む。そこで千尋の両親は、神々の食べ物を食べ、豚にされてしまう。そして、千尋は両親を救うために、神々の通う風呂屋で働くことになる。そこで出会った先輩従業員たちに支えられ、また、客と触れ合いながら千尋は成長していく。そして最終的に千尋は両親と元の世界に戻ることに成功する。

　私が一番感動したのは、風呂屋の経営者に千という名前をつけられて本当の名前を奪われた千尋が本当の名前、つまり自分自身を取り戻す場面である。これは千尋が自分の意志で生きていく力を手に入れたことを表しているように思ったからである。

　また、風景や建物等も美しく、年齢を問わず楽しめる作品なので、まだ見ていないという方には是非一度ご覧いただきたい。

単語

モデル1　鑑賞 감상 ｜ ジャンル 장르 ｜ 感銘 감명 ｜ 両脚 양다리 ｜ 両腕 양팔 ｜ 表紙 표지 ｜ 飾る 장식하다 ｜ 障害 장애 ｜ 屈する 굴하다 ｜ 育つ 자라나다 ｜ 特別扱い 특별 취급 ｜ 一員 일원 ｜ 受け入れる 받아들이다 ｜ 支える 지탱하다, 유지하다 ｜ 課題 과제 ｜ クリアする (난관, 난문을) 헤쳐나가다, 통과하다 ｜ 当然だ 당연하다 ｜ 不満 불만 ｜ 当たり前 당연함

モデル2　数々 수가 많음, 다수 ｜ 新記録 신기록 ｜ 打ち立てる 세우다 ｜ アニメーション 애니메이션 ｜ 見所 볼거리 ｜ あらすじ 줄거리 ｜ 平凡だ 평범하다 ｜ 少女 소녀 ｜ 不思議だ 불가사의하다, 신기하다 ｜ 迷い込む 헤매다 ｜ 神々 신들 ｜ 豚 돼지 ｜ 救う 구하다 ｜ 風呂屋 목욕탕 ｜ 出会う 만나다 ｜ 従業員 종업원 ｜ 触れ合う 상호접촉하다, 마음이 서로 통하다 ｜ 最終的 최종적 ｜ 経営者 경영자 ｜ 奪う 뺏다 ｜ 取り戻す 되돌리다, 되찾다 ｜ 場面 장면 ｜ 意志 의지 ｜ 表す 드러내다, 나타내다 ｜ 風景 풍경 ｜ 年齢 연령

1 동사 사전형＋ことなく　　~하지 않고

→ 어떠한 일을 할 수 있었는데도 그것을 하지 않는다는 것을 나타낼 때 쓴다.

- 彼女はお金を稼ぐため、休む**ことなく**働いた。
- 彼はあきらめる**ことなく**、自分の夢のために頑張っている。

2 명사＋はもちろん　　~은 물론

→ 대표성을 가진 것을 명사에 두고 그 외의 동류의 것을 나열할 때 쓴다.

- 山田先輩は英語**はもちろん**、ドイツ語もフランス語もできるという。
- このツアーには交通費**はもちろん**、宿泊費や食事代も含まれている。

Tip 비슷한 표현으로 「~はもとより」가 있으나, 「~にもちろん」에 비해 딱딱하게 느껴진다.
- このコースは女性**はもとより**、男性にもお勧めです。

3 보통체형＋からこそ　　~이니까, ~이기 때문에

→ 일반적인 이유는 아니지만 그 이유에 대해 특별하게 말하고자 할 때 쓴다.

- 子供をかわいく思っている**からこそ**、厳しくしつけるのです。
- 困難なことだ**からこそ**、やりがいがある。

単語

交通費 교통비 | 宿泊費 숙박비 | 食事代 식사료 | 含む 포함하다 | しつける 예의범절을 가르치다

4 보통체형＋だけあって(단, な형용사 な · である, 명사 である＋だけあって)

~였던 만큼, 였기 때문에

➡ 어떤 상태에서 예상되는 것과 실제가 일치할 때 쓴다. 감탄하거나 칭찬할 때 많이 쓰는 표현이다.

・彼は日本に留学していた**だけあって**、日本の事情に詳しい。
　　　　　　　　　　　　　　　　　　じじょう

・彼は夏休み毎日ギターを練習していた**だけあって**、本当に上手になった。

Tip 문말에는「だけのことはある」혹은「だけある」를 쓴다.

　　　・この小説ははとてもおもしろかった。さすがベストセラーになる**だけの**

　　　ことはある。

5 명사＋を問わず　~를 불문하고, ~하지 않고
　　　　　と

➡ 어떤 일이 발생하더라도 개의치 않고 다음 일이 성립한다는 것을 나타낼 때 쓴다.

・あの会社では、学歴、経験**を問わず**、やる気のある社員を募集している。
　　　　　　　がくれき　　　　　　　　　　　き　　　　しゃいん

・この映画は世代**を問わず**楽しめる作品である。
　　　　　せだい

単語

事情 사정 ┃ ベストセラー 베스트셀러 ┃ 学歴 학력 ┃ やる気 할 마음 ┃ 社員 사원 ┃ 世代 세대
じじょう　　　　　　　　　　　　　　　　がくれき　　　　　　き　　　　　しゃいん　　　せだい

1　～ことなく

❶ ＿＿＿＿＿＿＿＿＿＿＿＿＿＿＿＿＿＿＿＿ことなく、思い切って挑戦することが重要だ。

❷ 今回の発表は＿＿＿＿＿＿＿＿＿＿＿＿＿＿＿＿＿＿ことなくとてもうまくいった。

❸ ＿＿＿＿＿＿＿＿＿＿＿＿＿＿＿＿＿＿＿ことはだれにも相談することなく一人で決めた。

2　～はもちろん

❶ 山登りをする時は＿＿＿＿＿＿＿＿＿＿＿＿＿＿＿＿＿＿＿＿＿はもちろん、＿＿＿＿＿

＿＿＿＿＿＿＿＿＿＿＿＿＿＿＿＿＿＿も持って行った方がいい。

❷ ＿＿＿＿＿＿＿＿＿＿＿＿＿＿＿＿＿＿は子どもはもちろん、大人でも楽しめる。

❸ 私は＿＿＿＿＿＿＿＿＿＿＿＿＿＿＿のことなら、＿＿＿＿＿＿＿＿＿＿＿＿＿

＿＿＿＿はもちろん、＿＿＿＿＿＿＿＿＿＿＿＿＿＿＿＿まで知っています。

3　～からこそ

❶ 今回のプロジェクトは＿＿＿＿＿＿＿＿＿＿＿＿＿＿＿＿＿＿＿＿＿からこそ成功

できた。

❷ 健康だからこそ、＿＿＿＿＿＿＿＿＿＿＿＿＿＿＿＿＿＿＿。

❸ ＿＿＿＿＿＿＿＿＿＿＿＿＿＿＿＿＿＿＿＿＿からこそ、つらいことも頑張れる。

単語

思い切って 과감하게, 대담하게 ┃ 挑戦 도전

4　〜だけあって

❶　彼女は＿＿＿＿＿＿＿＿＿＿＿＿＿＿＿＿＿＿＿＿だけあって、とてもきれいだ。

❷　ここは評判のレストランだけあって、＿＿＿＿＿＿＿＿＿＿＿＿＿＿＿＿＿。

❸　＿＿＿＿＿＿＿＿＿＿＿＿＿＿＿＿＿さんは＿＿＿＿＿＿＿＿＿＿＿＿＿

だけあって、やっぱりすごいですね。

5　〜を問わず

❶　室内だと、＿＿＿＿＿＿＿＿＿＿＿＿＿＿＿＿＿を問わず運動できる。
　　しつない

❷　このクラブは＿＿＿＿＿＿＿＿＿＿＿＿＿＿＿＿＿を問わず、だれでも入会
　　　　　　　　　　　　　　　　　　　　　　　　　　　　　　　　　　にゅうかい

できます。

❸　＿＿＿＿＿＿＿＿＿＿＿＿＿＿＿＿＿は老若男女を問わず人気がある。
　　　　　　　　　　　　　　　　　　　　ろうにゃくなんにょ

🍶 **単語**

室内 실내｜クラブ 클럽, 동아리｜入会 입회｜老若男女 남녀노소
しつない　　　　　　　　　　　　　にゅうかい　ろうにゃくなんにょ

課題 1

最近読んだ本、またはこれまで最も印象に残っている本についての感想文を書いてみましょう。

課題 2

最近見た映画、またはこれまで最も印象に残っている映画についての感想文を書いてみましょう。

※「です・ます体 / だ・である体」どちらかに統一。

✏ 書く前に

❶ タイトルは何ですか。

❷ いつ読みましたか（見ましたか）。

❸ どんなストーリーですか。

❹ その中で最も印象的だったところはどこですか。

❺ それに対してどのように感じましたか。

構成例文

紹介	・____（だれ）____の『________________』という作品を紹介する。 ・『______________』は____（だれ）____の______（ジャンル）______だ。
あらすじ	・あらすじは次の通りである。 　　→ まず、________________________________。 　　→ そして、________________________________。 　　→ 最後に、________________________________。

印象的な部分	・この作品の中で、特に印象に残っているのは、＿＿＿＿＿＿＿＿＿＿＿＿＿＿＿＿＿＿＿＿＿＿＿である。 ・特に＿＿＿＿＿＿＿＿＿＿＿＿＿＿＿＿＿＿ところは感動的である。 ・＿＿＿＿＿＿＿＿＿＿＿＿＿＿＿＿というセリフが心に響いた。 ・＿＿＿＿＿＿＿＿＿＿＿＿＿＿＿場面が今でも忘れられない。 ・この作品は私に＿＿＿＿＿＿＿＿＿＿＿＿＿＿ということを教えてくれた。
まとめ	・この本（映画）は年齢を問わず楽しめる作品である。 ・この素晴らしい作品を是非一度ご覧いただきたい。 ・お勧めの作品である。

メモ

⤓ 自分の書いた作文をチェックしてもらいましょう。

チェックした人＿＿＿＿＿＿＿＿＿＿＿＿

評価項目			
	1	課題に合った内容で書いているか （か だい）	とてもよい・よい・ふつう・もう少し・がんばろう
	2	構成はいいか （こうせい）	とてもよい・よい・ふつう・もう少し・がんばろう
	3	適切に段落を分けているか （てきせつ だんらく）	とてもよい・よい・ふつう・もう少し・がんばろう
	4	読み手に合う文体を使っているか （ぶんたい）	とてもよい・よい・ふつう・もう少し・がんばろう
	5	読み手にとって興味深い内容か （きょう み ぶか）	とてもよい・よい・ふつう・もう少し・がんばろう
	6	正確な文法を使っているか （せいかく ぶんぽう）	とてもよい・よい・ふつう・もう少し・がんばろう
	7	効果的な文型を使っているか （ぶんけい）	とてもよい・よい・ふつう・もう少し・がんばろう
	8	句読法をよく守っているか （く とうほう）	とてもよい・よい・ふつう・もう少し・がんばろう
	9	正しい日本語表記を使っているか （ひょう き）	とてもよい・よい・ふつう・もう少し・がんばろう
	10	字が読みやすいか （じ）	とてもよい・よい・ふつう・もう少し・がんばろう

上の評価項目をもとに詳しいコメントを書いてください。

総合評価	いい点	
	改善点	

※ 作文評価シートをもとに、付録の作文ノートに清書しましょう。
（ふ ろく）（せいしょ）

10　意見文を書く

- みなさんは自分の意見をはっきり述べる方ですか。
- 最近興味を持ったニュースや話題はありますか。
- 自分の意見を述べる時の表現にはどんなものがありますか。

モデル文

1

高齢者に席を譲るべきである（賛成）

　近年、地下鉄やバスで高齢者に席を譲る人が少なくなってきている。かつては当然のように席を譲る人も多かったが、最近は高齢者が目の前に立っているのに、平気で友達と話しているような若者までいる。

　私は地下鉄やバスで立っている高齢者を見たら、できるだけ席を譲るようにしている。彼らが年老いた私の両親と重なって見えるからだ。年をとると、少しの間立っているのもつらいものだ。

　それに、高齢者は今の韓国の発展を築いたのみならず、人生の先輩としての知恵も持っている。彼らがいたからこそ、今の韓国があるのだ。そういった感謝の気持ちを表す意味でも、私は高齢者には席を譲るべきだと思う。

高齢者に席を譲るべきではない（反対）

　高齢者には席を譲るべきだという考えは今も根強く残っているが、私はその必要はないと思っている。その理由を以下に述べる。

　第一に、高齢者だからといって、いつも若者より疲れているとは限らない。若者でも体調が悪い時があり、そんな時でも高齢者に席を譲れというのは納得しかねる。まして、山登りの服装をしている高齢者に席を譲る気など全く起きない。こっちは仕事で疲れているのに、遊びに行って来た人に席を譲れというのか。

　第二に、高齢者の生活費である年金を支払っているのは私たちの世代であり、地下鉄運賃も高齢者は払っていないのだ。お金を出している人が出していない人に遠慮するのはおかしいのではないか。

　高齢者に席を譲るべきであると述べる人の意見も分かるし、譲りたい人は譲ればよい。しかし、私は高齢者に席を譲る必要はないと考える。

🔖 単語

モデル1　述べる 말하다 ｜ 話題 화제 ｜ 高齢者 고령자, 노인 ｜ 近年 최근 ｜ かつて 옛날 ｜ 平気で 아무렇지 않게 ｜ 重なる 겹치다 ｜ 築く 구축하다 ｜ 知恵 지혜

モデル2　根強い 뿌리 깊다 ｜ 第一 첫 번째 ｜ 納得 납득 ｜ まして 더구나, 하물며 ｜ 服装 복장 ｜ 第二 두 번째 ｜ 年金 연금 ｜ 支払う 지불하다 ｜ 運賃 운임 ｜ 遠慮 조심함, 배려

1 동사 사전형＋ものだ, 동사 ない형＋ないものだ　　~하기 마련이다, ~하지 않기 마련이다

→ 어떤 이상적인 상태나 그렇게 하는 것이 당연하다는 것을 나타낼 때 쓴다.

・勉強とは一生するものだ。
　　　　　いっしょう
・人の性格はなかなか変わらないものだ。

2 보통체형＋のみならず(단, な형용사だ である, 명사＋のみならず)　　~뿐만 아니라

→ 제시한 것 뿐만 아니라 다른 것도 추가적으로 있다는 것을 나타낼 때 쓴다.

・学生のみならず、教師もスポーツ大会に参加することになっている。
　　　　　　　　きょうし
・このコンピューターは性能が優れているのみならず、操作も簡単だ。
　　　　　　　　　　　　せいのう　すぐ　　　　　　　　　　　　　　そう さ

3 동사 사전형＋べきだ　　~해야 한다, ~하는 편이 좋다

→ 어떤 일을 하는 것이 당연하다는 것을 나타낼 때 쓴다.

・締め切りは守るべきです。
　し　き
・大学生なら、政治全般に興味を持つべきだ。
　　　　　　　　　　ぜんぱん

単語

一生 평생 | 教師 교사, 선생 | 性能 성능 | 優れる 뛰어나다 | 操作 조작 | 締め切り 마감 | 全般 전반
いっしょう　　きょう し　　　　せいのう　　　　すぐ　　　　　　　　そう さ　　　　し　　き　　　　ぜんぱん

4 **보통체형＋からといって**　~라고 해서

→ 당연히 예상되는 것과는 다른 사실을 말할 때 쓴다. 문말에는 부정 표현이 많이 오는데, 특히 「~わけではない, とは限らない, とは言えない」 등의 부분 부정 표현이 자주 온다.

・英語を何年も勉強したからといって、話せるわけではない。

・他人がしているからといって、自分も悪いことをしてよいということには
ならない。

5 **동사 ます형＋かねる**　~하기 어렵다

→ 기분이 썩 내키지 않아서 어떠한 일을 하기가 불가능하거나 곤란하다는 것을 나타낼 때 쓴다.

・その案には賛成しかねます。

・どんな事情があっても、それはできかねます。

Tip 「동사 ます형＋かねない」의 형태로 '어떠한 일이 일어나기 쉽다, ~일지 모른다' 등의 의미를 나타낼 때 쓴다.

・彼なら、そんなことを言いかねない。

単語

他人 타인

1　～ものだ、～ないものだ

❶ ＿＿＿＿＿＿＿＿＿＿＿＿＿＿＿＿＿＿＿＿はなかなか分からないものだ。

❷ 勉強というものは、＿＿＿＿＿＿＿＿＿＿＿＿＿＿＿ものだ。

❸ 人間とは本来、＿＿＿＿＿＿＿＿＿＿＿＿＿＿ものだ。
　　　　ほんらい

2　～のみならず

❶ ＿＿＿＿＿＿＿＿＿＿＿＿＿＿＿＿は国内のみならず、世界的に有名です。

❷ 気温が高いのみならず、＿＿＿＿＿＿＿＿＿＿＿＿＿＿＿のでますま
　　きおん
す暑く感じられる。

❸ この＿＿＿＿＿＿＿＿＿＿＿＿＿は＿＿＿＿＿＿＿＿＿＿＿＿＿＿＿＿

のみならず、＿＿＿＿＿＿＿＿＿＿＿＿＿＿＿＿も優れている。

3　～べきだ

❶ ＿＿＿＿＿＿＿＿＿＿＿＿＿＿＿＿＿＿＿はなくすべきである。

❷ 友達なら＿＿＿＿＿＿＿＿＿＿＿＿＿＿＿＿＿べきではない。

❸ 環境のためには、＿＿＿＿＿＿＿＿＿＿＿＿＿＿＿べきだ。

単語

本来 본래 | 気温 기온 | ますます 점점 | なくす 없애다
ほんらい　　き おん

❶ この店は食べ放題だからといって、＿＿＿＿＿＿＿＿＿＿＿＿＿＿＿＿＿＿＿＿＿＿。
　　　　た　　ほうだい

❷ 今日はエイプリルフールだからといって、＿＿＿＿＿＿＿＿＿＿＿＿＿＿＿＿＿＿

はよくない。

❸ 若いからといって、＿＿＿＿＿＿＿＿＿＿＿＿＿＿＿＿＿＿＿。

❶ ＿＿＿＿＿＿＿＿＿＿＿＿＿＿＿＿＿＿＿＿＿＿は種類があまりに多いので、どれが

いいのか決めかねる。

❷ あなたの意見には＿＿＿＿＿＿＿＿＿＿＿＿＿＿＿＿＿＿＿しかねます。

❸ ＿＿＿＿＿＿＿＿＿＿＿＿＿＿＿＿＿＿＿は理解しかねます。

単語

食べ放題 부페 | 〜放題 마음껏 〜함 | エイプリルフール 만우절
た　　ほうだい　　　　　ほうだい

課題 1

本文のテーマで賛成の立場から意見を書いてみましょう。

課題 2

本文のテーマで反対の立場から意見を書いてみましょう。

※「です・ます体 / だ・である体」どちらかに統一。

✎ 書く前に

❶ あなたの立場はどちらですか。(賛成・反対)

❷ その理由 (根拠) は何ですか。
  理由 1
  理由 2

❸ その意見に対する反論としてはどのようなものが予想されますか。

構成例文

賛成・反対	・私は高齢者に席を譲るべきであると思う。 ・私は高齢者に席を譲る必要はないと思う。
意見の根拠	・私がそう考えるのは、＿＿＿＿＿＿＿＿＿＿＿から である。 ・高齢者は＿＿＿＿＿＿＿＿＿＿＿ものである。 ・高齢者だからといって、＿＿＿＿＿＿＿＿＿。 ・私がそう思うのは、第一に (まず)、＿＿＿＿＿＿＿＿＿＿からである。 第二に (そして)、＿＿＿＿＿＿＿＿＿のだ。

<table>
<tr>
<td rowspan="1">予想される反論、
それに対する再反論
さいはんろん</td>
<td>

・＿＿＿＿＿＿＿＿＿＿＿＿＿＿＿と考える人もいるだろう。

しかし、＿＿＿＿＿＿＿＿＿＿＿＿＿＿＿。

・＿＿＿＿＿＿＿＿＿＿＿＿＿という意見が出ることが予想される。

・確かに、そうした意見にも一理ある。しかし、＿＿＿＿＿＿＿＿＿＿＿＿＿＿＿＿＿。

</td>
</tr>
<tr>
<td>まとめ</td>
<td>

・したがって、私は＿＿＿＿＿＿＿＿＿＿＿と考える。

・以上のような理由から私は＿＿＿＿＿＿＿＿＿に賛成（反対）である。

・つまり、＿＿＿＿＿＿＿＿＿＿＿＿＿ということである。

</td>
</tr>
</table>

メモ

単語

根拠 근거 | 反論 반론 | 再反論 재반론 | 確かに 확실히, 분명히 | 一理 일리 | まとめ 정리, 요약
こんきょ　　　　はんろん　　　さいはんろん　　　たし　　　　　　　　　　　いちり

⤵ 自分の書いた作文をチェックしてもらいましょう。

チェックした人＿＿＿＿＿＿＿＿＿＿

評価項目			
	1	課題に合った内容で書いているか	とてもよい・よい・ふつう・もう少し・がんばろう
	2	構成はいいか	とてもよい・よい・ふつう・もう少し・がんばろう
	3	適切に段落を分けているか	とてもよい・よい・ふつう・もう少し・がんばろう
	4	読み手に合う文体を使っているか	とてもよい・よい・ふつう・もう少し・がんばろう
	5	読み手にとって興味深い内容か	とてもよい・よい・ふつう・もう少し・がんばろう
	6	正確な文法を使っているか	とてもよい・よい・ふつう・もう少し・がんばろう
	7	効果的な文型を使っているか	とてもよい・よい・ふつう・もう少し・がんばろう
	8	句読法をよく守っているか	とてもよい・よい・ふつう・もう少し・がんばろう
	9	正しい日本語表記を使っているか	とてもよい・よい・ふつう・もう少し・がんばろう
	10	字が読みやすいか	とてもよい・よい・ふつう・もう少し・がんばろう

上の評価項目をもとに詳しいコメントを書いてください。

| 総合評価 | いい点 | |
| | 改善点 | |

※ 作文評価シートをもとに、付録の作文ノートに清書しましょう。

부록

❶ 용지 작성 예시

❷ 모범 답안

❸ 작문 노트

履 歴 書　　　平成 25 年 3 月 24 日現在

<table>
<tr><td>ふりがな</td><td colspan="2">い　じ　ひょん</td><td>※ 男・(女)</td><td rowspan="2" align="right">印</td></tr>
<tr><td>氏　　名</td><td colspan="2">李　志　賢</td><td></td></tr>
<tr><td>生年月日</td><td colspan="4">平成 3 年 3 月 2 日生 （満　22 歳）</td></tr>
<tr><td>ふりがな</td><td colspan="4">ソウルシ　クァンジング　ファヤンドン</td></tr>
<tr><td>現住所</td><td colspan="4">110－5001
ソウル市　広津区　華陽洞　○番地</td></tr>
<tr><td>電話など</td><td colspan="4">（02）○○○－○○○○</td></tr>
<tr><td>連絡先</td><td colspan="4">（現住所以外に連絡を希望する場合のみ記入）

方</td></tr>
<tr><td>電話など</td><td colspan="4"></td></tr>
</table>

写真をはる位置
写真をはる必要が
ある場合
1．縦 36～40mm
　　横 24～30mm
2．本人単身胸から上
3．裏面のりづけ

年	月	学歴・職歴（各別にまとめて書く）
		学　歴
平成 19	2	韓国ソウル○○中学校卒業
平成 19	3	韓国ソウル○○高等学校普通科入学
平成 22	3	韓国ソウル○○高等学校普通科卒業
平成 22	2	韓国ソウル○○大学○○学部○○学科入学
	2	韓国ソウル○○大学○○学部○○学科現在在学中
		職　歴
		なし
		賞　罰
		なし
		以上

記入上の注意　1．鉛筆以外の黒又は青の筆記具で記入。　　2．文字はくずさず正確に書く。
　　　　　　　3．※印のところは、該当するものを○で囲む。

年	月	免許・資格
平成２０	１０	普通自動車第一種免許
平成２０	１１	日本語能力試験２級
平成２１	１０	TOEIC　８５０

得意な科目・分野	健康状態
語学：日本語、英語、中国語	良好
スポーツ 音楽鑑賞（クラシック） ドライブ、水泳	**特技など** ピアノ

志望の動機

自分の専攻を生かして、得意の語学を生かすことができるので是非チャレンジしてみたいと思い、応募しました。せいいっぱいがんばりますのでよろしくお願いいたします。

本人希望記入欄（特に給料・職種・勤務時間・勤務地・その他についての希望などがあれば記入）

特になし

勤務時間	扶養家族数	配偶者	配偶者の扶養義務
約　１時間　　分	（配偶者を除く）　　なし　人	※　有　・　㊀無	※　有　・　㊀無

保護者（本人が未成年者の場合のみ記入） ふりがな	電話など
氏 名　　　　　　住 所	

❶ 용지 작성 예시 – 2

엽서 쓰기

1	0	3	–	0	0	2	8

切手

❶ 한 줄을 띄어 쓴다.

東京都中央区八重洲○-○-○

木村ももか様

❷ 받는 사람의 이름은 엽서 중앙에 오도록 쓴다. 주소보다 한 자 아래에 위치하도록 한다.

❸ 보내는 사람의 주소는 받는 사람의 주소보다 작게 쓴다.

ソウル市広津区華陽洞○番地

李 志 賢

❹ 보내는 사람의 이름은 엽서의 중앙에서 조금 밑에 쓴다. 주소보다는 크게 쓴다.

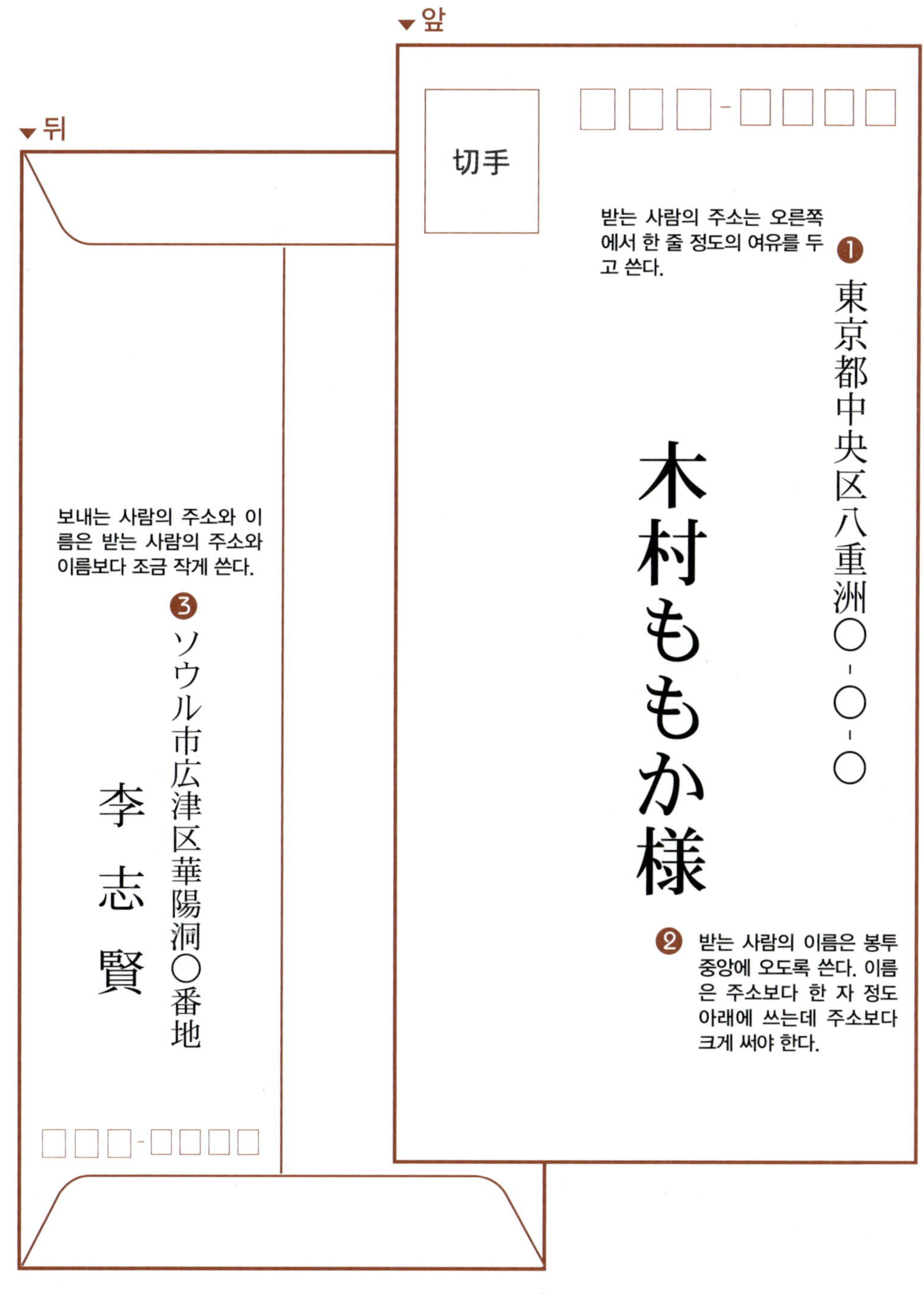
▼앞
切手
받는 사람의 주소는 오른쪽에서 한 줄 정도의 여유를 두고 쓴다.
❶
東京都中央区八重洲○-○-○
木村ももか様
❷ 받는 사람의 이름은 봉투 중앙에 오도록 쓴다. 이름은 주소보다 한 자 정도 아래에 쓰는데 주소보다 크게 써야 한다.
▼뒤
보내는 사람의 주소와 이름은 받는 사람의 주소와 이름보다 조금 작게 쓴다.
❸
ソウル市広津区華陽洞○番地
李 志 賢

기초편

1 문어체와 구어체의 차이　　　　p.14~16

::: 확인 문제 step 1

1 ❶ この小説は言葉が多少難しいが、内容は非常に面白い。

　❷ 私は運動音痴で、野球やサッカーなどは全くできません。

　❸ さらに深く考察しなければならない問題が数多くある。

　❹ 様々な人に会ったが、やはり両親のように私のことを考えてくれる人はいなかった。

2 ❶ これは皆が考えているほど簡単な問題ではないのだ。

　❷ 明日の会議に持っていく資料は、私が準備しておく。

　❸ 何を言っているのか分からない。

　❹ 早く病院に行かなければ、手遅れになってしまう。

3 ❶ シャワーを浴び、朝食をとり、家を出た。

　❷ この本は具体例が多く、非常に読みやすい。

　❸ 入り口付近が大変混雑しており、入場に時間がかかると思われる。

　❹ だれも何も言わず、ただ黙々と働いていた。

::: 확인 문제 step 2

　　横浜は港のある町として栄えてきた。特に江戸時代以降からはいろいろな（様々な）国の文化が、この横浜から日本に伝わった。そのため、今でも外国の雰囲気を感じることができる場所として、日本人にも人気の高い観光地である。

　　中でも、横浜中華街は日本でもっとも大きい中華街で有名だ。ここには多くの中国のレストラン、雑貨、食品などを売っている店がある。また、山の手というエリアにはお洒落な建物が多く、週末にはとてもたくさんの人々でにぎわう。

　　ほかに、海が見える山下公園は散歩に最適である。景色を見ながら歩き、疲れたらベンチで休み、ぼんやり海を眺めていると、日常の忙しさや、仕事のストレスも忘れられる。

　　このように、多くの観光スポットがある横浜はじっくり見て回るにはとても一日では足りない。

2 문어체 스타일 (작문의 종류, 독자의 종류)의 특징　　　　p.19~21

::: 확인 문제 step 1

1 ❶ 私は大学2年生である。

　❷ この件に関しては、私も反対するつもりはない。

　❸ 彼はきっといい先生になるであろう。

　❹ この計画は失敗だと思った人も少なくなかった。

2 ❶ これは非常に重要な問題です。

　❷ 日本の物価は思ったより高くありません。

　❸ 検査の結果、どこにも異常はありませんでした。

　❹ イベントは大成功に終わりました。

::: 확인 문제 step 2

1 手紙

拝啓

　毎日暑い日が続きますが、先生、お元気ですか。

　前回のお手紙から、ずいぶん時間が経ってしまいましたが、私は元気に過ごしています。

　私は今回、社会人3年目で大きな仕事を任されました。しっかりと最後までできるか多少（少し）不安ですが、頑張ってみようと思っています。おそらく、来年の春頃には少し余裕ができると思うので、その頃ごあいさつに伺います。

それでは、お体に気をつけてください。

敬具

2 レポート

新聞やニュースなどでニート(NEET)という言葉をよく聞くようになった。ニートとは「仕事をせず、学校にも通わず、そして具体的な求職活動をしていない」人のことである（だ）。フリーターは働く意思を持っているが、その意識もない人がニートと呼ばれる。なぜニートがこれほど増えたのだろうか。このレポートでは、ニートの増加の背景を調査し、どのような対策があるかを考えていく。

3 접속사로 문장 연결하기　　ρ.24~25

::: 확인 문제 step 1

1 ❶ 私は毎日5時間も勉強している。ところが、成績は全く上がらない。

❷ この授業は宿題が多くて大変だ。そのうえ、試験も非常に難しい。

❸ 今年はリンゴがたくさんとれた。だから、このように安いのだ。

❹ 彼は思いどおりにならないと、すぐに怒る。つまり、まだ子供なのだ。

❺ 春には多くの花が咲く。たとえば、桜、菜の花等がある。

2 ❶ ・昨日は熱があった。それで、学校へ行けなかった。

・先週、祖父が倒れた。それで、学校へ行けなかった。

❷ ・先生が話し始めた。すると、教室は静かになった。

・先生が話し始めた。すると、学生たちは話をやめた。

❸ ・彼はいつも忙しいと言って、会議を欠席する。要するに、彼はこの企画に参加したくないということである。

・彼はこの企画に様々な理由で反対している。要するに、彼はこの企画に参加したくないということである。

❹ ・今日は母の誕生日だ。しかし、仕事があるのでまだ帰れない。

・今日は母の誕生日だ。しかし、弟はそれを忘れているようだ。

❺ ・まじめなタイプの人が好きですか。それとも、おもしろいタイプの人が好きですか。

・まじめなタイプの人が好きですか。それとも、遊び人タイプの方が好きですか。

❻ ・私は日本語を専攻することにした。なぜなら、東アジアを引っ張っていく人材になりたかったからだ。

・私は日本語を専攻することにした。なぜなら、子供の頃から日本のアニメが好きだったからだ。

::: 확인 문제 step 2

❶ 今朝見たニュースの天気予報では晴れると言っていた。だが、予報に反して午後から雨が降り始めた。しかも、かなりの大雨だ。さらに雷まで鳴り出して、強風まで吹いていた。そのため、家に帰るのにとても苦労した。

❷ 小学校で英語を学ぶことはとてもいいことだと思います。なぜなら、早い段階で始めた方が、英語への抵抗がなくなると思うからです。

英語教育と聞いて、これまでの読み書き中心の難しいものをイメージする人も多いでしょう。しかし、歌やゲーム的な要素を多く取り入れながら英語に接する方法もあります。つまり、楽しく遊びながら英語を学ぶこともできるのです。

外国語を学ぶ時にもっとも大切なことは慣れです。したがって、幼い時から、自然に英語に触れる機会を多く持つことは英語の習得にとても重要なことだと考えます。

4 단락 구성하기

p.26~27

확인 문제 step 1

❶ 三つ（세 개）

❷ 第1段落 ： 近年、ペットを飼う人が増えている。

第2段落 ： しかし、軽い気持ちで飼い始めたペットを育てられず、ペットを捨てる人も増えている。

第3段落 ： ペットを飼う人々は、飼った時からそのペットに関する責任が生じるということを忘れてはならない。

확인 문제 step 2

ビビンバとは韓国の代表的な料理である。食堂や家庭など日常的によく食べられている。また、最近では韓国国内だけではなく、海外でも人気のメニューとして多くの人に食べられている。このビビンバ、作り方はとても簡単である。まずはご飯の上に数種類の野菜や肉、卵などをのせる。それから、コチュジャンやごま油などの調味料をかけ、よく混ぜ合わせる。たったこれだけである。

しかも、野菜が多く入っているので健康にもよい。それに家にある余った材料などで簡単に作れて便利である。このように、栄養のバランスがよく、手軽に食べられるビビンバは、忙しい日々を送る現代人に理想的な料理といえる。

5 읽기 쉬운 문장 구성하기

p.30~32

확인 문제 step 1

1 ❶ わが社では新しいプロジェクトを計画しており、来月その内容を発表する予定です。

❷ 彼の本は研究者の間では評判がよかったが、あまり売れなかった。

❸ 彼の作品を全て読むためには、短い人でも2年、長い人なら10年以上かかるだろう。

❹ うちの学校の学生、特に日本語学科の学生はよく勉強します。

❺ 初めて日本に行った時は、東京・横浜・箱根へ行き、二回目は大阪・京都・奈良へ行った。

2 ❶ 私の家は山の上にあるので、景色がよくて、空気もきれいです。しかし、蚊が多く、セミがうるさいので、夏になると引っ越したくなります。

❷ 私は昔から日本に関心があったが、日本語の勉強を始めてから、日本にもっと興味がわいてきた。しかし、日本語は勉強すればするほど難しくなってくるので、また興味がなくなってきた。

❸ このサマーキャンプでは、1時間目に発音、2時間目に文法、3時間目に読解の勉強をする予定です。

❹ この三つの論文のうち最も興味深いのは、山田氏のものである。

❺ 恵子さんのハンサムな息子さんが大学に合格したらしい。

❻ 髪の長い小さな女の子が、花が咲いている高い木の下に立っていた。

확인 문제 step 2

私は東京にある旅行会社に勤務している。この仕事を選んだ理由は、ただ単純に旅行がとても好きだからだ。

会社で私が受け持っているのは店の窓口でのセールスである（会社で私が受け持っている仕事は窓口でのセールスである / 会社で私が受け持っているのは店の窓口でのセールスの仕事である）。

これはお客様が旅を楽しみ、よい思い出を作るためのお手伝いをすることであると言い換えることもできる。最初、思い描いていた仕事内容とはとても違い、とても悩んだ時期もあった。が、今では自分の仕事にとても誇りを持っている。お客様からありがとうと笑顔で言ってもらった時が最もうれしく、とてもやりがいを感じる。

※「とても」の多用に関しては、「大変」「非常に」「ずいぶん」などの表現に変えたり、特に必要なければ使わないなど、全体のバランスをみながら調整する。

　しかし、今の会社で働き始めてから、まだ一度も旅行へ行く機会がなかった。来年からはツアーの企画のチームに移るので、もしかするとチャンスがあるかもしれない。

01　メモを残す
ρ.38~39

1　～次第

❶・天気が回復し次第、**試合**を再開しましょう。
・天気が回復し次第、**練習**を再開しましょう。
❷・**会社に戻り**次第、連絡をお願いします。
・**メールを確認し**次第、連絡をお願いします。
❸・家に帰り次第、**知らせて**ください。
・家に帰り次第、**電話して**ください。

2　～てほしい

❶・**両親**に、もっと私の気持ちを理解してほしい。
・**彼（彼女）**に、もっと私の気持ちを理解してほしい。
❷・私の大切な人には**お酒を飲みすぎ**ないでほしい。
・私の大切な人には**夢をあきらめ**ないでほしい。
❸・私は友達に**課題を手伝って**ほしいと思っています。
・私は**病気の祖母に早く元気になって**ほしいと思っています。

3　～ないうちに

❶・**雨が降ら**ないうちに家に帰りたい。
・**日が変わら**ないうちに家に帰りたい。
❷・桜の花が**散ら**ないうちに花見に行きましょう。
❸・夏休みが終わらないうちに、**あちこち旅行し**たい。
・夏休みが終わらないうちに、**しっかり勉強し**たい。

4　～ておく

❶・もっと寒くなる前に、**外で思い切り遊んで**おこう。
・もっと寒くなる前に、**暖かいコートを買って**おこう。
❷・地震に備えて、**非常食を買って**おきます。
・地震に備えて、**家具を固定して**おきます。
❸・明日は出張だから、今日中に**荷物をまとめて**おかなければならない。
・明日は出張だから、今日中に**書類をコピーして**おかなければならない。

5　～そうだ、～とのことだ

❶・天気予報によると、明日は**雨だ**そうです。
・天気予報によると、明日は**晴れる**そうです。
・天気予報によると、明日は**暑くなる**そうです。
❷・ニュースによると、**大型の台風が近づいている**そうです。
・ニュースによると、**ロボットスーツの開発が進んでいる**そうです。
❸・社長は少し遅れるので、**会議を始めておいてほしい**とのことです。
❹・(手紙で) そちらは最近、**寒くなった**とのことですが、いかがお過ごしですか。
・(手紙で) そちらは最近、**梅雨に入った**とのことですが、いかがお過ごしですか。

02　手紙で近況を伝える
ρ.48~49

1　존경어 [특수형]

❶・社長はよく**コーヒーを好んで**召し上がる。
・社長はよく**お寿司を好んで**召し上がる。
❷・先生はよく**復習が一番大事だ**とおっしゃる。
・先生はよく**夢を持とう**とおっしゃる。
❸・林先生は毎日10時ごろに、**学校にいらっしゃる**そうだ。(朝)
・林先生は毎日10時ごろに、**お休みになる**そうだ。(夜)

2　겸양어 [특수형]

❶ 私の名前は**ホン・ギルドン（自分の名前を日本語で書いてみる）**と申します。

❷ ・（職業）**学生**をしております。

　・（職業）**会社員**をしております。

　・（職業）**主婦**をしております。

❸ ・それでは来週、**伺います**。

　・それでは来週、**参ります**。

3　お / ご〜ください

❶ ・**会議の報告書**をご覧ください。

　・**今朝の新聞**をご覧ください。

❷ ・**帰り道にお気をつけ**ください。

　・**風邪を引かないようにお気をつけ**ください。

❸ ・お疲れでしょうから、**ゆっくりお休み**ください。

　・お疲れでしょうから、**こちらにおかけ**ください。

4　〜として

❶ ・この仕事に**役員**として関わっている。

　・この仕事に**記録係**として関わっている。

❷ ・趣味として**ピアノ**を習っている。

　・趣味として**おいしいコーヒーの入れ方**を習っている。

❸ ・**富士山**は**日本一高い山**として有名です。

　・**マリモ**は**特別天然記念物**として有名です。

5　〜からには

❶ ・日本に留学したからには、**一人でもたくさんの日本人の友達を作りたい**。

　・日本に留学したからには、**日本語をマスターして帰りたい**。

❷ ・**最後までやると決めた**からには、一生懸命頑張ります。

　・**今年の試験に合格すると決めた**からには、一生懸命頑張ります。

❸ ・**約束した**からには、守らなければならない。

　・**書類にサインした**からには、守らなければならない。

03　旅先から絵葉書を送る　p.58~59

1　お / ご〜になる

❶ ・社長は5時になると、**お帰り**になります。

　・社長は5時になると、**お茶をお飲み**になります。

❷ ・毎日**本をお読み**になりますか。

　・毎日**日記をお書き**になりますか。

❸ ・先生は**毎日バスでお帰り**になります。

　・先生はよくお子さんのことを**お話し**になります。

2　〜といえば

❶ ・春といえば、**花見**です。

　・春といえば、**入学式のシーズン**です。

❷ ・韓国で代表的な**料理**といえば、**ビビンバ**です。

　・韓国で代表的な**デートスポット**といえば、**ソウルタワー**です。

❸ ・私の得意なことといえば、**字を書くこと**くらいです。

　・私の得意なことといえば、**書類を整理すること**くらいです。

3　お / ご〜する

❶ ・私の**家族**をご紹介します。

　・私の**町**をご紹介します。

❷ ・お困りの時は**お手伝いします**ので、おっしゃってください。

　・お困りの時は**お助けします**ので、おっしゃってください。

❸ ・おいしいレストランをお探しでしたら、**○○というレストラン**をお勧めします。

　・おいしいレストランをお探しでしたら、**学校のすぐ前にある焼き肉屋**をお勧めします。

4　〜にとって

❶ ・韓国人にとってキムチとは**食事の時に欠かせないもの**です。

　・韓国人にとってキムチとは**韓国の文化そのもの**です。

❷ ・私にとって学生時代の思い出はとても大切です。

・私にとって１日８時間寝ることはとても大切
です。

❸ ・企業にとっていい人材とはどんなことにも最
善をつくす人ではないだろうか。

・企業にとっていい人材とは協調性のある人で
はないだろうか。

5　〜たおかげで

❶ ・金さんが手伝ってくれたおかげで仕事が早く
終わった。

・みんなで協力してやったおかげで仕事が早く
終わった。

❷ ・先生が分かりやすく教えてくれたおかげで日
本語の試験に合格しました。

・このテキストで勉強したおかげで日本語の試
験に合格しました。

❸ ・先輩が適切なアドバイスをしてくれたおかげ
で、大学生活を有意義に過ごすことができた。

・先輩が適切なアドバイスをしてくれたおかげ
で、友人と仲直りできた。

04　お願いのメールを書く　p.68~69

1　〜ことにする

❶ ・アルバイトのお金がたまったので、電子辞書
を買うことにしました。

・アルバイトのお金がたまったので、夏休みに
旅行へ行くことにしました。

❷ ・大事な用件は、メールではなく直接会って伝
えることにしている。

・大事な用件は、メールではなく電話で話すこ
とにしている。

❸ ・私は毎日、健康のために野菜をたくさん食べ
ることにしている。

・私は毎日、健康のためにエレベータに乗らな
いことにしている。

2　〜ていただけませんか

❶ ・先生、日本語でスピーチ大会の原稿を書いた
のですが、見ていただけませんか。

・先生、日本語でスピーチ大会の原稿を書いた
のですが、日本語のチェックをしていただけ
ませんか。

❷ ・担当教授の推薦書が必要なんですが、書いて
いただけませんか。

・担当教授の推薦書が必要なんですが、メール
で送っていただけませんか。

❸ ・来週の約束のことなんですが、時間を変更し
ていただけませんか。

・来週の約束のことなんですが、場所をもう一
度教えていただけませんか。

3　〜ことになる

❶ ・明日、田中さんと釣りに行くことになっている。

・明日、田中さんと取引先のあいさつ回りをす
ることになっている。

❷ ・すみませんが、明日はアルバイトをすることに
なっているので、参加するのは難しそうです。

・すみませんが、明日は歯医者に行くことになっ
ているので、参加するのは難しそうです。

❸ ・この学校は卒業までに全員150単位を取得
しなければならないことになっています。

・この学校は卒業までに全員卒業論文を書かな
ければならないことになっています。

4　〜し

❶ ・季節の中で秋が、紅葉がきれいだし、おいし
い果物が多いし、一番好きです。

・季節の中で春が、暖かいし、花がきれいだ
し、一番好きです。

❷ ・このカフェは、雰囲気がいいし、コーヒーも
おいしいし、気に入ってます。

・このカフェは、ケーキの種類が豊富だし、静
かだし、気に入ってます。

❸ ・大学生活は課題が多いし、就職の準備もしな
ければならないし、とても忙しいです。

・大学生活は勉強が面白いし、いい友達がたく
さんいるし、とても楽しいです。

5　〜てくれない、〜てくれませんか

❶ ・明日、引越しをするんだけど、**手伝ってくれ
ない**？

・明日、引越しをするんだけど、**車を貸してく
れない**？

❷ ・今度のイベントのことでお願いがあるんです
けど、**司会をしてくれませんか**。

・今度のイベントのことでお願いがあるんです
けど、**飲み物を買ってきてくれませんか**。

❸ ・ペットのことで困っているんだけど、**旅行に
行く間預かってくれない**？

・今月の生活費のことで困っているんだけど、
少しお金を貸してくれない？

05　手順を説明する
p.78~79

1　〜とおり（どおり）

❶ ・**人生**はなかなか思ったとおりにいかないものだ。

・**計画**はなかなか思ったとおりにいかないものだ。

・**恋愛**はなかなか思ったとおりにいかないものだ。

❷ ・部長の**言った**とおりに会議の準備をしておき
ました。

・部長の**指示**どおりに会議の準備をしておきま
した。

❸ ・**噂**どおり、先生の奥さんはとてもきれいな方
だった。

・**聞いていた**とおり、先生の奥さんはとてもき
れいな方だった。

2　〜に応じて

❶ ・ラーメンは好みに応じて、**ネギ**等を入れて食
べてもおいしい。

・ラーメンは好みに応じて、**キムチ**等を入れて
食べてもおいしい。

・ラーメンは好みに応じて、**たまご**等を入れて
食べてもおいしい。

❷ ・この英会話スクールは、**レベル**に応じてクラ
スが選べます。

・この英会話スクールは、**予算**に応じてクラス
が選べます。

・この英会話スクールは、**目的**に応じてクラス
が選べます。

❸ ・状況に応じて、**うそをつか**なければならない
時もある。

・状況に応じて、**予定を変更し**なければならな
い時もある。

3　〜気味

❶ 鼻水が出るし、寒気もするし、どうやら**風邪気
味**のようです。

❷ ・最近、**運動していない**ので、太り気味です。

・最近、**飲み会が多かった**ので、太り気味です。

❸ ・最近、**忙しかった**ので、疲れ気味です。

・最近、**課題が多かった**ので、疲れ気味です。

4　〜ことから

❶ ・あのアイドルはかわいいだけでなく、**歌もう
まい**ことから人気に火がついた。

・あのアイドルは**ダンスがとても上手な**ことか
ら人気に火がついた。

❷ ・彼は**言ったことは必ず最後までやる**ことから
みんなに信頼されている。

・彼は**とても誠実な**ことからみんなに信頼され
ている。

❸ 私は**前歯が大きい**ことから**ウサギちゃん**という
ニックネームをつけられました。

5　〜ついでに

❶ ・**外出**のついでに、この葉書を出してきてくれ
ない？

・**銀行に行く**ついでに、この葉書を出してきて
くれない？

❷ ・コンビニに行くなら、ついでに**牛乳を買って**
来て。

・コンビニに行くなら、ついでに**電話料金を払っ**
て来て。

・コンビニに行くなら、ついでに**何かおいしい
もの**でも買って来て。

❸ ・東京へ出張に行くついでに、横浜にも寄りたい。

・東京へ出張に行くついでに、温泉にも行きたい。

06 ニュース記事を書く　　p.88~89

1　～から～にかけて

❶ ・ただいま、事故により、東京駅から新宿駅にかけて不通となっております。

・ただいま、事故により、ソウル駅から明洞駅（ミョンドン）にかけて不通となっております。

❷ ・ここは朝の7時から9時にかけてがもっとも道が混（こ）みます。

・ここは朝の7時から9時にかけてがもっともたくさんの人が通ります。

・ここは朝の7時から9時にかけてがもっともにぎやかです。

❸ ・韓国では10月末から11月にかけてが紅葉のシーズンです。

・韓国では6月末から7月にかけてが梅雨のシーズンです。

2　～とともに

❶ ・科学技術の発達（はったつ）とともに、以前では考えられなかった問題が出てきた。

・経済発展とともに、以前では考えられなかった問題が出てきた。

❷ ・携帯電話の普及とともに公衆（こうしゅう）電話はあまり使われなくなった。

・インターネットの普及とともに手紙はあまり書かれなくなった。

❸ ・卒業とともに留学することが決まっている。

・卒業とともに会社で働くことが決まっている。

・卒業とともに実家（じっか）に戻ることが決まっている。

3　～に限り

❶ ・このラウンジはVIP会員に限り利用可能です。

・このラウンジは平日に限り利用可能です。

❷ ・100名様に限り、この商品を5割引でお買い求めいただけます。

・午前11時までに限り、この商品を5割引でお買い求めいただけます。

・クーポンをお持ちの方に限り、この商品を5割引でお買い求めいただけます。

❸ ・中華（ちゅうか）料理なら、この店に限る。

・海に行くなら、夏に限る。

・インテリアのことなら、専門家に任せるに限る。

4　～にもかかわらず

❶ ・大雨が降っているにもかかわらず、遊びに出かけました。

・大雨が降っているにもかかわらず、試合は行われました。

❷ ・祖母は今年で85歳になるにもかかわらず、とても元気だ。

・祖母は去年腰（こし）を痛めたにもかかわらず、とても元気だ。

❸ ・一生懸命勉強したにもかかわらず、結果はあまりよくなかった。

・一生懸命勉強したにもかかわらず、勉強したところが試験に出なかった。

5　～に対して

❶ ・両親に対してはいつも感謝でいっぱいです。

・友達に対してはいつも感謝でいっぱいです。

❷ ・店員はお客に対して丁寧な言葉を使わなければならない。

・後輩は先輩に対して丁寧な言葉を使わなければならない。

❸ ・仕事に対する情熱だけはだれにも負けません。

・趣味（しゅみ）に対する情熱だけはだれにも負けません。

07　悩みへのアドバイスを書く

p.98~99

1　～に比べて

❶ ・日本料理は韓国料理に比べて、**辛くない**。
　・日本料理は韓国料理に比べて、**甘い**。

❷ ・猫は犬に比べて、**おとなしい**。
　・猫は犬に比べて、**人にあまりなつかない**。

❸ ・私は他の人に比べて、**細かいことを気にする**
　方です。
　・私は他の人に比べて、**ストレスに強い**方です。

2　～はずがない

❶ ・ブランドのかばんがこんなに安いなんて、こ
　れは**本物の**はずがない。
　・ブランドのかばんがこんなに安いなんて、こ
　れは**正規品の**はずがない。
　・ブランドのかばんがこんなに安いなんて、こ
　れは**新品の**はずがない。

❷ ・あのおとなしい山田さんが、**カラオケで大声
　で歌い、ダンスまでする**はずがない。
　・あのおとなしい山田さんが、**そんなひどいこ
　とをする**はずがない。

❸ ・しっかり準備したから、**失敗するはずがない**。
　・**何度も練習したから、失敗するはずがない**。

3　～ないことには

❶ ・**急が**ないことには、コンサートに間に合わない。
　・**タクシーに乗ら**ないことには、コンサートに
　間に合わない。

❷ ・**実際に見てみ**ないことには、判断がつかない。
　・**検査をしてみ**ないことには、判断がつかない。

❸ ・勉強は**楽しくない**ことには、**続けるのが難しい**。
　・勉強は**目的がはっきりしていない**ことには、
　成績が上がらない。

4　～あまり

❶ ・**感動の**あまり、涙が出た。
　・**悲しみの**あまり、涙が出た。

・**心配の**あまり、涙が出た。

❷ ・忙しさのあまり、**ゆっくり休むこともできない**。
　・忙しさのあまり、**食事もできない**。

❸ ・人の目を気にするあまり、**自分のしたいこと
　もできない**。
　・人の目を気にするあまり、**正直な意見を話せ
　ない**。

5　～ことだ

❶ ・**ダイエットしたい**なら、毎日少しずつでも運
　動することだ。
　・**健康を維持したい**なら、毎日少しずつでも運
　動することだ。

❷ ・人間関係をよく保ちたいなら、**いつも笑顔で
　いる**ことだ。
　・人間関係をよく保ちたいなら、**どんなことが
　あっても約束は守る**ことだ。

❸ ・日本語がうまくなりたければ、**もっと勉強す
　る**ことだ。

・日本語がうまくなりたければ、**失敗をおそれ
　ず、たくさん話してみる**ことだ。

08　スピーチの原稿を書く　p.108~109

1　～について

❶ ・昨晩、**オリンピック**についてのニュースを見た。
　・昨晩、**来月の選挙**についてのニュースを見た。

❷ ・**進路**について親と真剣に話し合いました。
　・**今後の計画**について親と真剣に話し合いました。

❸ ・最近、**英語の勉強**について悩んでいる。
　・最近、**夏休みの過ごし方**について悩んでいる。

2　～てたまらない

❶ ・隣の家は夜遅くまでピアノを弾く。**うるさく
　てたまらない**。
　・隣の家は夜遅くまでピアノを弾く。**迷惑でた
　まらない**。

❷ ・明日はテストなのに、ゲームがしたくてたまらない。

・明日はテストなのに、友達と遊びたくてたまらない。

❸ ・頭が痛くてたまらなかったので、早めに家に帰りました。

・眠たくてたまらなかったので、早めに家に帰りました。

3 ～にかけては

❶ 日本に関する知識にかけてはキム（クラスメートの名前）さんがクラスで一番だ。

❷ ・サービスにかけては、このホテルは最高です。

・窓からの眺めにかけては、このホテルは最高です。

❸ ・ピアノを弾くことにかけては、だれにも負けない自信があります。

・単語の暗記にかけては、だれにも負けない自信があります。

・食べることにかけては、だれにも負けない自信があります。

4 ～ざるを得ない

❶ ・何度やっても失敗。こうなったらもう、あきらめざるを得ない。

・何度やっても失敗。こうなったらもう、計画を中止せざるを得ない。

❷ ・みんな彼の意見に賛成だというので、仕方なく私も賛成せざるを得ない状況だ。

・みんな彼の意見に賛成だというので、仕方なく私も同意せざるを得ない状況だ。

・みんな彼の意見に賛成だというので、仕方なく私も従わざるを得ない状況だ。

❸ ・これほど雨がひどくては、予定を変更せざるを得ない。

・これほど雨がひどくては、日程を延期せざるを得ない。

5 ～てはじめて

❶ ・普段、特に何とも思っていなくても、失ってはじめて健康の重要さに気づくものだ。

・普段、特に何とも思っていなくても、失ってはじめて家族の重要さに気づくものだ。

❷ ・外国へ旅行してはじめて、世界には多様な人がいることが分かった。

・外国へ旅行してはじめて、意外と自分の国のことに対してよく知らない人が多いことが分かった。

❸ ・国際理解とはお互いが歩み寄ってはじめて成立するものだ。

・国際理解とはお互いが努力することによってはじめて成立するものだ。

09 感想文を書く　　　　p.118~119

1 ～ことなく

❶ ・迷うことなく、思い切って挑戦することが重要だ。

・あれこれ考えることなく、思い切って挑戦することが重要だ。

❷ ・今回の発表は緊張することなくとてもうまくいった。

・今回の発表は失敗することなくとてもうまくいった。

❸ ・留学することはだれにも相談することなく一人で決めた。

・運転免許を取ることはだれにも相談することなく一人で決めた。

・来月結婚することはだれにも相談することなく一人で決めた。

2 ～はもちろん

❶ ・山登りをする時は携帯電話はもちろん、ラジオも持って行った方がいい。

・山登りをする時はお弁当はもちろん、非常食も持って行った方がいい。

・山登りをする時は日焼け止めはもちろん、リップクリームも持って行った方がいい。

❷ ・カラオケは子どもはもちろん、大人でも楽しめる。

・このアニメ映画は子どもはもちろん、大人でも楽しめる。

❸ ・私は花のことなら、有名なものはもちろん、図鑑に載っていないものまで知っています。

・私は漢字のことなら、常用漢字はもちろん、日本人でも知らないものまで知っています。

3　〜からこそ

❶ ・今回のプロジェクトはみんなで力を合わせたからこそ成功できた。

・今回のプロジェクトは資金が十分だったからこそ成功できた。

❷ ・健康だからこそ、好きなこともできる。

・健康だからこそ、ご飯もおいしい。

❸ ・家族がいるからこそ、つらいことも頑張れる。

・夢があるからこそ、つらいことも頑張れる。

4　〜だけあって

❶ ・彼女はミスコリアだけあって、とてもきれいだ。

・彼女は噂になるだけあって、とてもきれいだ。

❷ ・ここは評判のレストランだけあって、味もサービスも最高だ。

・ここは評判のレストランだけあって、おいしいわりには高くない。

❸ ・藤田さんは偉大な学者だけあって、やっぱりすごいですね。

・牧野さんは去年の優勝者だけあって、やっぱりすごいですね。

5　〜を問わず

❶ ・室内だと、天候を問わず運動できる。

・室内だと、季節を問わず運動できる。

❷ ・このクラブは年齢を問わず、だれでも入会できます。

・このクラブは性別を問わず、だれでも入会できます。

・このクラブは国籍を問わず、だれでも入会できます。

❸ ・「〇〇」というテレビ番組は老若男女を問わず人気がある。

・この店のカレーは老若男女を問わず人気がある。

10　意見文を書く　　　p.128~129

1　〜ものだ

❶ ・人生はなかなか分からないものだ。

・未来はなかなか分からないものだ。

・本心はなかなか分からないものだ。

❷ ・勉強というものは、きりがないものだ。

・勉強というものは、いくつになっても続けるべきものだ。

❸ ・人間とは本来、弱いものだ。

・人間とは本来、一人では生きていけないものだ。

2　〜のみならず

❶ ・ペク・ナムジュンの作品は国内のみならず、世界的に有名です。

・あの歌手は国内のみならず、世界的に有名です。

❷ ・気温が高いのみならず、湿度も高いのでますます暑く感じられる。

・気温が高いのみならず、風がないのでますます暑く感じられる。

❸ ・この歌はメロディのみならず、歌詞も優れている。

・このカメラはレンズのみならず、性能も優れている。

3　〜べきだ

❶ ・核兵器はなくすべきである。

・無駄な出費はなくすべきである。

・悪い習慣はなくすべきである。

❷ ・友達なら相手が嫌がることをすべきではない。

・友達なら約束をやぶるべきではない。

❸　・環境のためには、エネルギーを大切にすべきだ。

　　・環境のためには、ごみを減らす努力をすべきだ。

　　・環境のためには、できるかぎり公共交通機関
　　　を利用すべきだ。

4　〜からといって

❶　・この店は食べ放題だからといって、食べすぎ
　　　はよくない。

　　・この店は食べ放題だからといって、残さな
　　　いようしなければならない。

❷　・今日はエイプリルフールだからといって、人
　　　を傷つけるうそをつくのはよくない。

　　・今日はエイプリルフールだからといって、悪
　　　質なうそはよくない。

❸　・若いからといって、体力があるというわけで
　　　はない。

　　・若いからといって、何も考えていないわけで
　　　はない。

5　〜かねる

❶　・電子辞書は種類があまりに多いので、どれが
　　　いいのか決めかねる。

　　・テストの問題集は種類があまりに多いので、
　　　どれがいいのか決めかねる。

　　・日本の友達へのお土産は種類があまりに多い
　　　ので、どれがいいのか決めかねる。

❷　・あなたの意見には賛成しかねます。

　　・あなたの意見には同意しかねます。

　　・あなたの意見には納得しかねます。

❸　・自分勝手なことばかり言う人の気持ちは理解
　　　しかねます。

　　・難解な法律の言葉は理解しかねます。

　　・彼の言動は理解しかねます。

01 メモを残す

02 手紙で近況を伝える

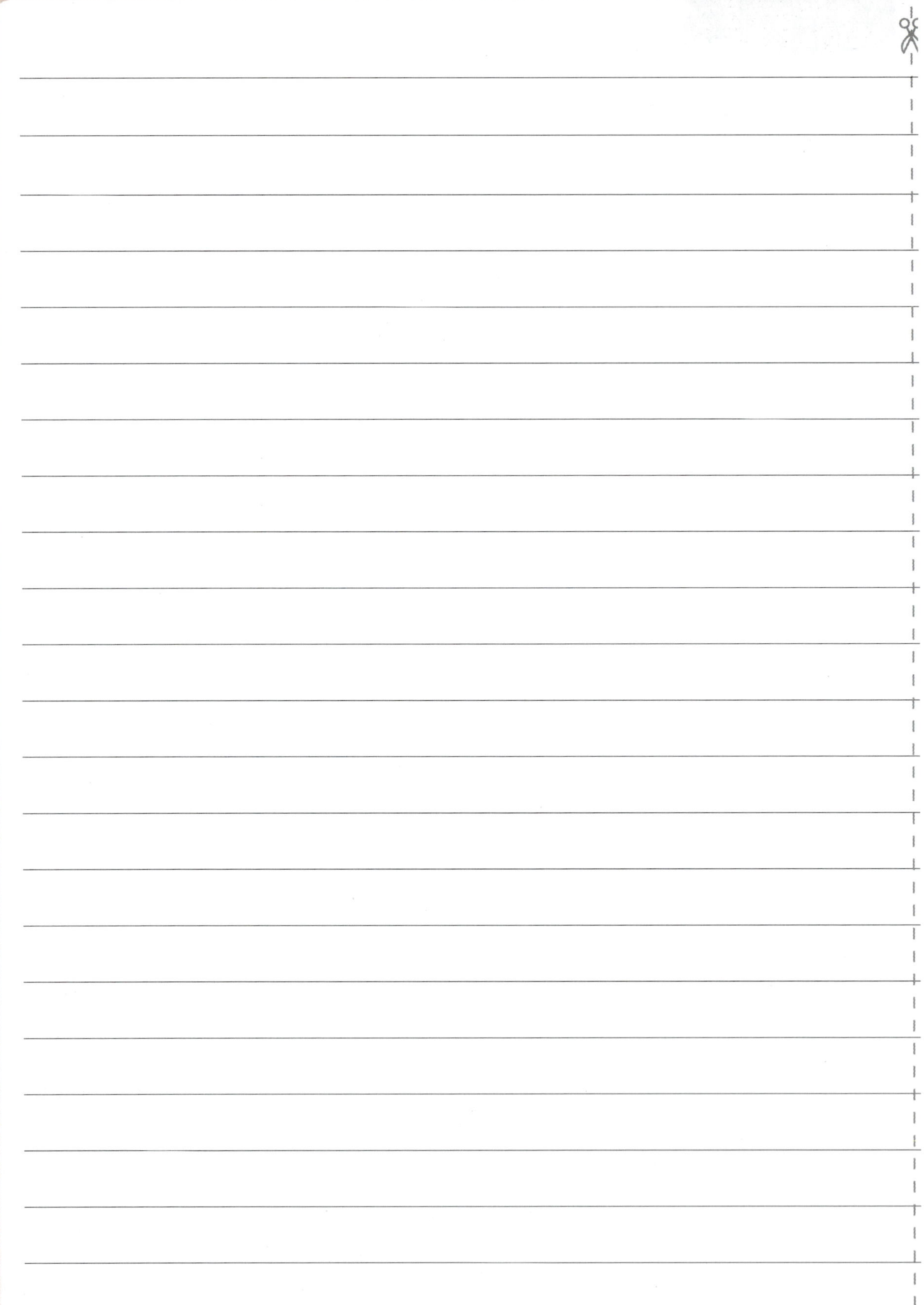

03 旅先から絵葉書を送る

04 お願いのメールを書く

05 手順を説明する

06 ニュース記事を書く

07 悩みへのアドバイスを書く

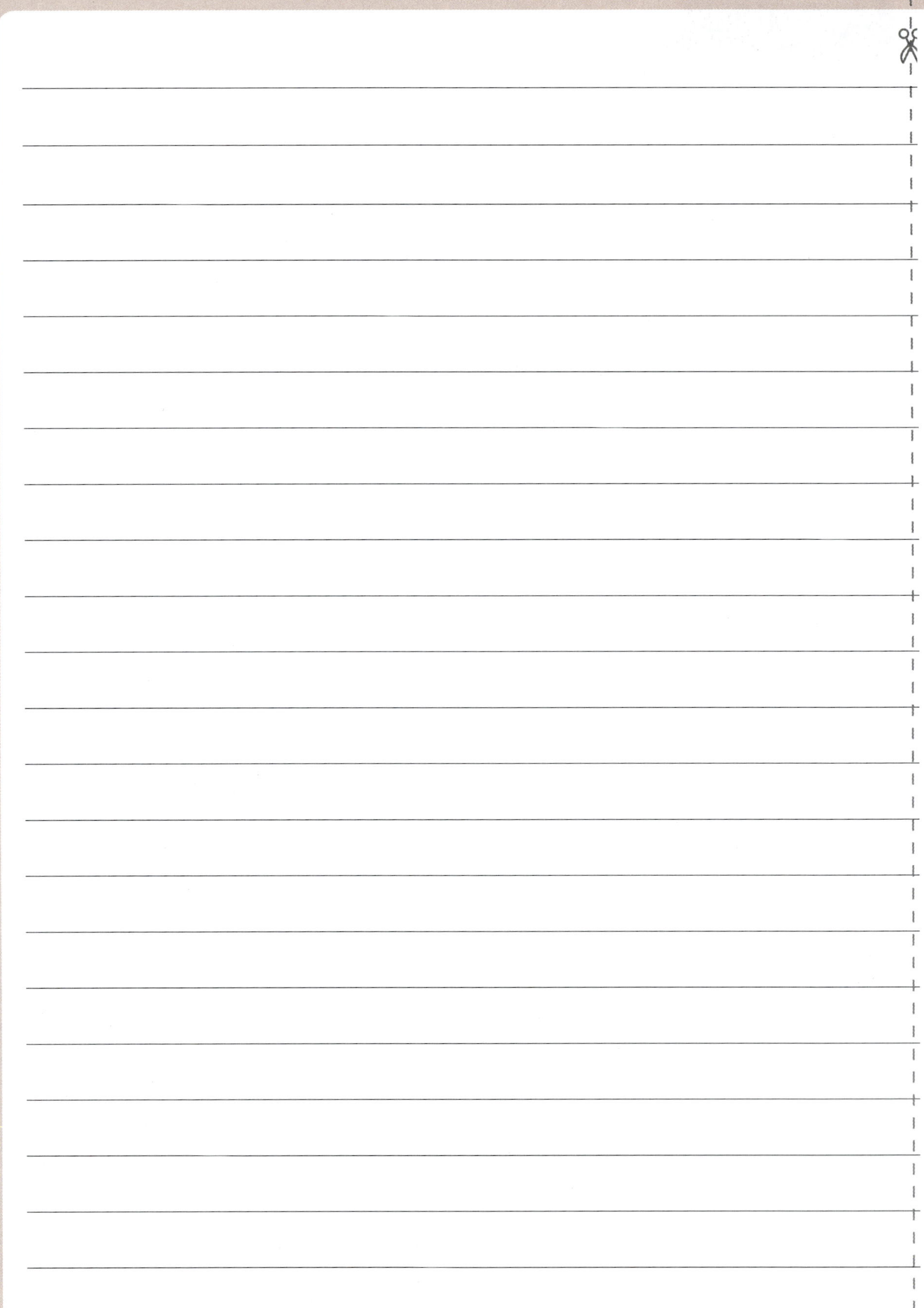

08 スピーチの原稿を書く

09 感想文を書く

작문 노트

작문 노트

다락원 **다이나믹** 일본어 **작문** 중고급

지은이 오현정, 이시야마 데쓰야, 스미 유리카
펴낸이 정규도
펴낸곳 (주)다락원

초판 1쇄 발행 2013년 2월 28일
초판 5쇄 발행 2025년 9월 19일

편집 송화록, 한누리, 임혜련
디자인 구수정, 오연주

다락원 경기도 파주시 문발로 211
내용문의: (02)736-2031 내선 460~465
구입문의: (02)736-2031 내선 250~252
Fax: (02)732-2037
출판등록 1977년 9월 16일 제406-2008-000007호

ISBN 978-89-277-1079-0 14730
     978-89-277-1077-6 (세트)

http://www.darakwon.co.kr

• 다락원 홈페이지를 방문하시면 상세한 출판 정보와 함께 동영상강좌, MP3 자료 등 다양한 어학 정보를 얻으실 수 있습니다.